Ensina-me a aprender:
pedagogias para a sociedade do conhecimento

DIALÓGICA

Maria do Carmo Teles Ferreira Stringhetta

Ensina-me a aprender:
pedagogias para a sociedade do conhecimento

EDITORA
intersaberes

EDITORA intersaberes

Rua Clara Vendramin, 58 • Mossunguê
CEP 81200-170 • Curitiba • PR • Brasil • Fone: [41] 2106-4170
www.intersaberes.com • editora@editoraintersaberes.com.br

Conselho editorial	Dr. Ivo José Both (presidente)
	Drª Elena Godoy
	Dr. Nelson Luís Dias
	Dr. Neri dos Santos
	Dr. Ulf Gregor Baranow
Editora-chefe	Lindsay Azambuja
Supervisora editorial	Ariadne Nunes Wenger
Analista editorial	Ariel Martins
Preparação de originais	LEE Consultoria
Edição de texto	Irinêo Netto
	Palavra do Editor
Capa e fotografia	Laís Galvão
Projeto gráfico	Frederico Burlamarqui
Diagramação	Maiane Gabriele de Araujo
Equipe de *design*:	Luana Machado Amaro
	Charles L. da Silva
Iconografia	Célia Regina Tartália e Silva
	Regina Claudia Cruz Prestes

Dados Internacionais de Catalogação na Publicação (CIP)
(Câmara Brasileira do Livro, SP, Brasil)

Stringhetta, Maria do Carmo Teles Ferreira
  Ensina-me a aprender: pedagogias para a sociedade do conhecimento/Maria do Carmo Teles Ferreira Stringhetta. Curitiba: InterSaberes, 2018.

Bibliografia.
ISBN 978-85-5972-728-9

1. Aprendizagem 2. Educação 3. Gestão do conhecimento 4. Pedagogia 5. Prática pedagógica 6. Professores – Formação 7. Sociedade do conhecimento 8. Tecnologia I. Título.

18-15158   CDD-370.11

Índices para catálogo sistemático:
1. Pedagogia: Sociedade do conhecimento: Educação 370.11

Cibele Maria Dias – Bibliotecária – CRB-8/9427

1ª edição, 2018.
Foi feito o depósito legal.
Informamos que é de inteira responsabilidade da autora a emissão de conceitos.
Nenhuma parte desta publicação poderá ser reproduzida por qualquer meio ou forma sem a prévia autorização da Editora InterSaberes.
A violação dos direitos autorais é crime estabelecido na Lei n. 9.610/1998 e punido pelo art. 184 do Código Penal.

EDITORA AFILIADA

Sumário

Apresentação, 7
Organização didático-pedagógica, 11

1 Contexto histórico dos paradigmas educacionais, 13
1.1 A educação no início do século XX, 16
1.2 Escola tradicional, 21
1.3 Escola Nova, 23
1.4 Escola tecnicista, 26
1.5 Principais pensadores que influenciaram o século XX, 28

2 Transformação dos paradigmas na educação, 39
2.1 A educação no fim do século XX e início do século XXI, 42
2.2 Paradigma da complexidade, 44
2.3 Ensino com pesquisa, 47
2.4 Escola progressista, 49
2.5 Tecnologia e educação, 51

3 Educação na sociedade do conhecimento, 63
3.1 Economia do conhecimento, 66
3.2 Educação obrigatória, 68
3.3 Gestão do conhecimento, 72
3.4 Rumo às mudanças: escolas atendem às demandas da sociedade, 78
3.5 Tendências para o ensino na sociedade do conhecimento, 81

4 Formação docente no contexto da sociedade do conhecimento, 93
4.1 Contexto histórico e social e atuação do professor, 96
4.2 Professor: agente de transformação, 104
4.3 Formação permanente, 109
4.4 O professor na perspectiva do aprender a aprender, 112
4.5 Professores e alunos: compartilhando conhecimentos, 115

5 Aprendizagem nos paradigmas emergentes/inovadores, 123
5.1 Aprender a aprender, 126
5.2 Autoaprendizagem, 129
5.3 Aprendizagem ativa, 132
5.4 Aprendizagem colaborativa, 135
5.5 Avaliação da aprendizagem: novas possibilidades nos paradigmas emergentes, 139

6 Planejamento educacional: organização e estratégia, 151
6.1 Planejamento escolar: organização, 154
6.2 Estratégias pedagógicas, 159
6.3 Modelos de planejamento, 164
6.4 Gestão do tempo, 172
6.5 Aluno: planejamento e ação, 174

Considerações finais, 181
Referências, 183
Bibliografia comentada, 191
Respostas, 193
Sobre a autora, 197

Apresentação

A sociedade está em transformação constante. É possível verificar o impacto de mudanças sociais, econômicas, políticas e religiosas nas formas de trabalho, nas crises financeiras, no modo de organização da sociedade e na educação. Em uma época marcada por incertezas, é fundamental refletir sobre os paradigmas educacionais contemporâneos.

Como explica Behrens (2007, p. 441), "Os paradigmas determinam as concepções que os professores apresentam de mundo, de sociedade, de homem e da própria prática pedagógica que desenvolvem em sala de aula".

A sociedade contemporânea é chamada de *sociedade do conhecimento*, amparada por uma nova economia, em que se exploram intensamente a ciência e a tecnologia. É um cenário que impõe desafios para o educador. A necessidade de interação com essa sociedade – que é também a da tecnologia, da ciência e da inovação – é cada vez maior para o educador que busca transformá-la.

Iniciaremos nossa abordagem pelo século XX, um período rico em teorias pedagógicas e de intensos conflitos sociais. Examinaremos as principais pedagogias que surgiram nesse tempo: escola tradicional, o movimento da Escola Nova e escola tecnicista. Por se tratar de uma época importante para a educação, faremos também uma apresentação breve de seus principais teóricos.

Após essa introdução histórica, no segundo capítulo, abordaremos as transformações sociais, econômicas e políticas no Brasil, bem como as novas concepções educacionais.

No terceiro capítulo, analisaremos as influências da sociedade do conhecimento na educação. Descreveremos as características da nova economia e refletiremos sobre os desafios da educação no contexto atual, considerando ainda a gestão do conhecimento como parte do processo de inovação e as tendências educacionais que rompem com o ensino tradicional.

No quarto capítulo, trataremos da formação docente nesse paradigma emergente. Os desafios são constantes, e as mudanças na sociedade – e, consequentemente, na educação – implicam a necessidade de repensar a prática pedagógica.

No quinto capítulo, nosso foco será a aprendizagem e as metodologias ativas em sua construção. Também conhecidas como *significativas* e *colaborativas*, essas metodologias têm o papel de inovar e de motivar para a construção conjunta do conhecimento entre professor e aluno.

No sexto e último capítulo, abordaremos o planejamento como instrumento direcional da prática pedagógica. No paradigma emergente, é necessário repensar o planejamento, considerando-o um instrumento estratégico para conseguir superar a educação reprodutivista.

Os capítulos aqui apresentados seguem uma ordem cronológica, funcionando como uma espécie de linha do tempo. Cada capítulo é composto por tópicos que tratam de especificidades do conteúdo examinado.

Como uma avaliação significativa é aquela que supera a mera reprodução do conhecimento, neste material, além de questões objetivas de autoavaliação, ao fim de cada capítulo apresentamos algumas questões de avaliação para propiciar a reflexão sobre o que foi estudado.

Para um aproveitamento assertivo deste estudo, cabem algumas orientações básicas:

- Leia os textos de modo reflexivo e construa os próprios conceitos; elabore uma linha do tempo e identifique as características da educação em cada época.
- Faça anotações dessas ideias e organize um caderno de conhecimentos profissionais.
- Supere a leitura mecânica e superficial.

- Elabore um plano de melhoria de desempenho, associando o pensar e o fazer, a implementação de ações e os resultados de aprendizagem.
- Crie mapas mentais com base no conteúdo estudado; você pode enriquecer seus mapas com outras pesquisas sobre o tema.

A educação é fascinante pela possibilidade de transformar ideias, lugares e pessoas. Todas as formas de educação são fundamentais para a vida.

Boa leitura!

Organização didático-pedagógica

Esta seção tem a finalidade de apresentar os recursos de aprendizagem utilizados no decorrer da obra, de modo a evidenciar os aspectos didático-pedagógicos que nortearam o planejamento do material e como o aluno/leitor pode tirar o melhor proveito dos conteúdos para seu aprendizado.

Introdução do capítulo

Logo na abertura do capítulo, você é informado a respeito dos conteúdos que nele serão abordados, bem como dos objetivos que o autor pretende alcançar.

Síntese

Você conta, nesta seção, com um recurso que o instigará a fazer uma reflexão sobre os conteúdos estudados, de modo a contribuir para que as conclusões a que você chegou sejam reafirmadas ou redefinidas.

Atividades de autoavaliação

Com estas questões objetivas, você tem a oportunidade de verificar o grau de assimilação dos conceitos examinados, motivando-se a progredir em seus estudos e a se preparar para outras atividades avaliativas.

Atividades de aprendizagem

Aqui você dispõe de questões cujo objetivo é levá-lo a analisar criticamente determinado assunto e aproximar conhecimentos teóricos e práticos.

Bibliografia comentada

Nesta seção, você encontra comentários acerca de algumas obras de referência para o estudo dos temas examinados.

1

Contexto histórico dos paradigmas educacionais

Neste capítulo, vamos refletir sobre um período histórico de grande importância que marcou o início da ruptura de paradigmas cristalizados no tempo. Mas o que são paradigmas?

Primeiramente, vale considerar que o termo *paradigma* designa um conjunto de normas, formas ou elementos comuns que servem de modelo para algo. Para Moraes (2016, p. 31), "paradigma refere-se a modelo, padrões compartilhados que permitem a explicação de certos aspectos da realidade. É mais do que uma teoria; implica uma estrutura que gera novas teorias. É algo que estaria no início das teorias".

De um ponto de vista histórico, o século XX é um tempo muito recente. De um ponto de vista pessoal, dependendo da sua idade, trata-se de uma época em que você pode ter vivido acontecimentos marcantes – como seu nascimento e seu primeiro dia de aula. Para a sociedade em geral, foi um período inquieto, permeado por conflitos e invenções e marcado pela industrialização e pela globalização. O século XX também foi intenso para a educação, caracterizado por abordagens conservadoras e por estudiosos que contribuíram para a construção de novos valores e paradigmas.

O objetivo aqui é refletir sobre a educação e sobre os modelos de escola que marcaram essa época, principalmente no Brasil.

1.1
A educação no início do século XX

O turbulento século XX presenciou duas guerras mundiais e momentos intensos de conflitos motivados pela busca por mais democracia e por igualdade de direitos. Todos esses acontecimentos tiveram impacto em diversos setores da sociedade, inclusive no da educação.

Inicialmente, é importante contextualizar os estudos sobre o conhecimento que marcam esse período histórico. A partir de 1800, a filosofia, uma área importante do conhecimento, passou a ser influenciada pela certeza de que a ciência corresponde à verdade. No movimento denominado *empirismo*, entendia-se que a única fonte do conhecimento era a experiência. Augusto Comte (1798-1857), um representante do positivismo, defendia a verdade determinista da ciência. Por volta de 1850, diversas teorias – entre elas, as teorias da evolução, da termodinâmica, da relatividade, a teoria psicanalítica e o princípio da incerteza – colocaram o positivismo em xeque.

Nessa época, eram evidentes os ideais das lutas revolucionárias em busca de uma sociedade mais justa e democrática. Esse anseio por democracia, liberdade e igualdade ganhou força no século XX. Foi nesse período também que diversos cientistas, biólogos e químicos se uniram no chamado *Círculo de Viena* e criaram um sistema filosófico que ficou conhecido como *positivismo lógico*.

Diante das transformações da sociedade, as considerações sobre a ciência se desenvolveram paralelamente ao progresso da indústria e do comércio. A demanda por profissionais capacitados em diversas áreas aumentou e, como consequência, a procura por uma escola pública, laica, gratuita e obrigatória continuou a existir no século XX. Conforme Aranha (2006b, p. 246), "do final do século XIX até a década de 1940, em decorrência da ampliação das oportunidades de estudo, verificou-se maior mobilidade e ascensão social, sobretudo para a classe média".

Em cada período histórico do Brasil, houve ações ou transformações na educação – especificamente nas práticas pedagógicas – relacionadas ao tipo de sociedade e de homem que se pretendia formar. Seguindo esse pensamento, é importante traçarmos um panorama histórico da prática pedagógica no país antes de tratarmos das três principais tendências educacionais no século XX.

Primeiramente, cabe observar que a mudança de paradigma que estabeleceu os processos tecnocentristas em detrimento dos antropocentristas é visível na educação brasileira. No século XIX, a economia do país foi deslocada do Nordeste açucareiro para o Centro-Sul, fortalecendo a agricultura cafeeira. Os grandes proprietários de terra ganharam poder e marcaram o início da República Velha. O país passou a ser carregado pela agricultura e "a prosperidade usufruída com altos lucros proporcionados pela exportação do café propiciou um progressivo desenvolvimento com uma crescente complexificação social" (Saviani, 2011, p. 189). O aumento da população foi uma das transformações sociais mais evidentes dessa época.

Nesse contexto, a industrialização no país se acelerou durante a Primeira Guerra Mundial, no período entre 1914 e 1918. "A burguesia industrial brasileira, nos anos 1920, incorpora de forma consciente a orientação fordista e a coloca em prática com o objetivo de submeter o trabalhador aos ditames da fábrica" (Saviani, 2011, p. 190). A instabilidade política da época e a formulação das políticas governamentais entre 1930 e 1945 afetaram também a reorganização educacional, que, nas décadas anteriores, era influenciada, de um lado, pela Igreja Católica e, de outro, "pela força do movimento renovador impulsionado pelos ventos modernizantes do processo de urbanização e modernização" (Saviani, 2011, p. 193).

A burguesia representava uma nova classe que se opunha ao Antigo Regime. No esforço de superar a opressão, era necessário combater a ignorância, e a escola se tornou um antídoto para a falta de conhecimento e para a exclusão social. Esse espaço social deveria promover a igualdade por meio da instrução e da transmissão dos conhecimentos acumulados pela humanidade ao longo da história.

Mas não se engane. Essa concepção de educação não significa que a situação estava resolvida. A influência conservadora do século XIX ainda se fazia muito presente no país. A educação brasileira passou por vários momentos de lutas e, desde a época da colonização, sofreu ações externas. Para converter os indígenas à fé, os jesuítas incentivaram o aprendizado da leitura e da escrita. Assim, a educação atravessou o Império e chegou ao século XX sob influências diversas – principalmente da Igreja, com a educação jesuítica.

No início do século XX, por influência do positivismo, também se intensificou o ensino das ciências. A Figura 1.1 descreve o cenário da educação brasileira no fim do século XIX.

Figura 1.1 – Abordagens pedagógicas no final do Império

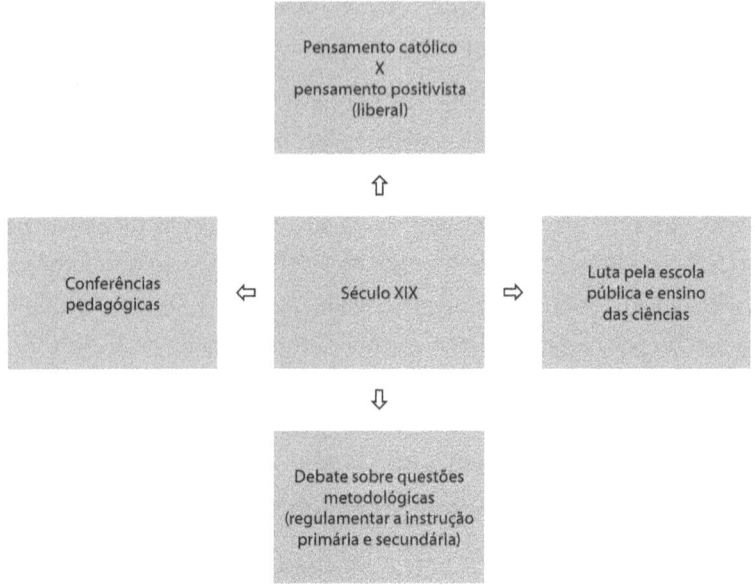

Fonte: Elaborado com base em Aranha, 2006b.

No final da Primeira República (1889-1930), a concepção de educação não apresentava grandes mudanças em relação à adotada no Brasil Império. Behrens (1999, p. 384) destaca a "forte influência do paradigma newtoniano-cartesiano que caracterizou a ciência no século XIX e grande parte do século XX", paradigma este que representa a fragmentação do todo – ou seja, áreas, cursos, disciplinas e conteúdos fragmentados e cada vez mais específicos.

Você consegue identificar a relação entre conservadorismo, fragmentação do conhecimento e, consequentemente, sua reprodução?

Sobre esse aspecto, Behrens (1999, p. 384) explica que

> *A repartição foi tão contundente que levou os professores a realizarem um trabalho docente completamente isolados em suas salas de aula. Outro fator relevante de influência deste paradigma na ação docente é a busca da reprodução do conhecimento. Caracterizada pela fragmentação, a prática pedagógica propõe ações mecânicas aos alunos, provocando um ensino assentado no escute, leia, decore e repita.*

Em 1930, a Era Vargas trouxe mudanças significativas para a educação. Esse período histórico em que o país foi governado por Getúlio Vargas durou de 1930 até 1945.

Entre as mudanças instituídas por Vargas, a criação do Ministério da Educação teve como objetivo unificar as políticas de ensino dos estados, integrando o sistema educacional de todo o país e possibilitando maior cooperação entre o governo federal e os estados. Com a leitura do boxe a seguir, é possível dimensionar melhor essas mudanças.

Era Vargas

A educação elementar passou a ser dividida em fundamental, ginasial e supletiva.

O ensino fundamental, reservado às crianças de 7 a 12 anos, passou a compreender quatro anos, ao término dos quais era necessário passar em um exame de admissão para ascender ao nível ginasial, este com duração de mais quatro anos.

As crianças maiores de 13 anos ou adultos passaram a ser obrigados a cursar o supletivo, que, em um ritmo mais rápido e com conteúdos simplificados, em quatro anos, cumpria o papel do ensino fundamental e ginasial juntos.

O ensino médio também foi reformulado, os conteúdos ministrados passaram a visar o duplo objetivo de fornecer cultura geral e preparar para o vestibular.

[...]

Para desestimular a tendência de criação de faculdades isoladas pelos Estados, o governo federal exigiu que os Estados agrupassem as faculdades em Universidades.

[...]

Fonte: Ramos, 2011.

Esse tipo de medida possibilitou a formação de um quadro de professores especialistas em disciplinas como História, Física e Química.

No entanto, a Era Vargas foi uma ditadura e, como observa Ramos (2011), "a preocupação do governo passou a ser desenvolver a personalidade e cultura do indivíduo, preparar para a vida familiar e a iniciação ao trabalho. Na prática, as mudanças deixavam de lado a formação da cidadania, antes valorizada". Com o fim da Era Vargas e a retomada do processo democrático no Brasil, em 1946, ocorreram novas mudanças como reflexo da nova Constituição.

A educação assumiu caráter político específico em cada período histórico, tornando-se uma agência para formar cidadãos e trabalhadores de acordo com as demandas do capital.

Para esclarecermos o desenvolvimento da educação ao longo do século XX, apresentaremos as três principais tendências educacionais que floresceram nesse período, didaticamente inseridas no paradigma conservador. Como afirma Behrens (1999, p. 386), "Todas essas abordagens, salvaguardadas as caracterizações próprias para cada época em que foram propostas, apresentam como essência a reprodução do conhecimento".

1.2
Escola tradicional

Com a finalidade de promover uma reorganização social, desde o início da educação formal no Brasil, adotou-se na escola a pedagogia tradicional, na qual a escola é entendida como espaço específico e único de construção e transmissão de saber. Nesse sentido, de acordo com Behrens (2009, p. 41),

> *O compromisso social desta escola é a reprodução da cultura. Caracterizada pela disciplina rígida, tem como finalidade ser agência sistematizadora de uma cultura complexa e funciona como local de apropriação do conhecimento, por meio da transmissão de conteúdos e confrontação com modelos e demonstrações. A escola é reprodutora dos modelos e apresenta-se como único local em que se tem acesso ao saber.*

Nessa perspectiva, o professor era considerado o detentor do conhecimento, o centro do processo educativo, e tinha a função de transmitir esse conhecimento para os alunos. As informações, portanto, eram repassadas para os estudantes da mesma forma que eram encontradas nos livros, por meio de aulas expositivas, memorização e cópias.

O professor era autoritário e rigoroso – por isso não primava pela interação – e o diálogo com os alunos era objetivo e profissional. Mizukami (2009, p. 13) esclarece o papel do professor na pedagogia tradicional: "Distante dos alunos, procura discipliná-los na sala de aula em nome da obediência, da organização e do silêncio. Apresenta os conteúdos de maneira fragmentada, com uma organização em partes, enfocando o conhecimento como absoluto e inquestionável".

O aluno era passivo e receptivo, devia obedecer ao professor sem questionar os objetivos e as finalidades do conteúdo. A disciplina e a obediência eram valorizadas. O aluno que ouvia, decorava e repetia era estimado, de tal modo que a memorização e a reprodução fiel do que o professor falava eram consideradas como meios de testar o aprendizado.

Castigos como a palmatória, ajoelhar em grãos de milho ou feijão, ficar isolado do restante da turma e escrever repetidamente as normas de comportamentos eram recursos utilizados para garantir um modelo ideal de disciplina e, consequentemente, um ambiente de concentração. De acordo com Mizukami (2009, p. 15), "a reprodução dos conteúdos feita pelo aluno, de forma automática e sem variações, na maioria das vezes, é considerada um poderoso e suficiente indicador de que houve a aprendizagem".

Fica evidente que esse método de ensino primava pela mera reprodução dos saberes transmitidos. O professor planejava suas aulas de maneira sequencial e sem relação com outras disciplinas ou conteúdos; a abordagem era fragmentada e visava justamente facilitar o processo de memorização. As avaliações seguiam o rigor proposto e cobravam do aluno, oralmente ou por escrito, respostas que reproduzissem o conteúdo que constava no livro didático e da mesma forma que tinha sido abordada pelo professor.

A característica de disciplina rígida, a prática de castigos e a evasão provocaram críticas de professores e intelectuais à pedagogia tradicional. Segundo Behrens (2009), essas críticas à escola tradicional foram aos poucos dando origem a um novo paradigma na educação.

1.3
Escola Nova

No século XX, houve a ascensão de novos paradigmas na educação brasileira. Foi quando surgiu o movimento da Escola Nova. Pautada pela pedagogia libertária, essa corrente concebe a escola como instrumento de transformação social, capaz de promover o desenvolvimento e a emancipação do indivíduo. "Foi uma época em que se instituíram escolas para a formação de professores, apareceram centros para educação infantil, ensino especializado para deficientes, colônias específicas para preparação de trabalhadores agrícolas e mais, muito mais" (Antunes, 2012, p. 18).

O ideário da Escola Nova foi adotado no Brasil por volta de 1930, fundamentado nas teorias de Carl Rogers, Maria Montessori e Jean Piaget. A principal característica desse paradigma foi romper com a didática tradicional. Também nessa década foi criado o Ministério da Educação e Saúde Pública (1930).

O período consecutivo à década de 1930 no Brasil teve como aspectos relevantes a industrialização e a consequente demanda por mão de obra especializada, o que culminou em investimentos na educação com o objetivo de atender a essa necessidade.

Um marco para a educação no âmbito nacional foi o lançamento do Manifesto dos Pioneiros da Educação Nova em 1932, dirigido por Fernando de Azevedo. O manifesto propiciou a reunião de educadores de ideologias e pensamentos diversos. Os liberais elitistas tinham como líder Fernando de Azevedo; Anísio Teixeira liderava os liberais igualitaristas; e os simpatizantes do socialismo eram liderados por Pascoal Leme e Hermes Lima. Reivindicar uma educação universal, laica e fundamental era o propósito dos pioneiros.

O período de 1946 a 1964 foi marcado por uma Constituição que, além de liberal e democrática, previa a obrigatoriedade do ensino primário e colocava a União como responsável por legislar sobre a educação no país. O período também foi marcado por reformas educacionais que se basearam na concepção escolanovista.

O movimento da Escola Nova trouxe um novo conceito de práticas pedagógicas e de organização curricular. O ensino do conteúdo perdeu espaço para o desenvolvimento de sentimentos comunitários e para a preocupação com a formação das crianças para a vida democrática. A aparência da escola rígida e de castigos passou a ser rejeitada. O espaço escolar tornou-se acolhedor, as paredes assumiram cores alegres, com cartazes coloridos e ilustrações atrativas. As carteiras deviam ser dispostas em círculos, grupos ou duplas, com o objetivo de fazer com que o aluno se sentisse bem na escola e de favorecer a realização de atividades livres.

Segundo Mizukami (2009, p. 45), "o foco da prática educativa passou a ser a criança. A formação de atitudes exige um clima favorável para estabelecer uma mudança dentro do indivíduo. Com uma forte influência da psicologia do autodesenvolvimento, a meta real passou a ser a realização pessoal do aluno".

Os estudos da psicologia e da biologia permitiram a compreensão de como a criança aprende, daí a atenção às necessidades individuais dos alunos. Assim, tudo o que desperta o interesse e a curiosidade passou a ser considerado e adaptado aos conteúdos escolares, de forma a aproximar a escola da realidade vivida pelos estudantes.

Sob essa perspectiva, segundo Antunes (2012, p. 19), a escola passou a não mais

> *aceitar a criança como um adulto pequeno e que, portanto, necessitaria esperar o tempo para aprender, um estágio de desenvolvimento humano diferente, mas não inferior na capacidade de aprendizagem adulta, além da demonstração de que as crianças não nascem predestinadas e, quando se corrompem, apontam que falhou grotescamente o processo educacional.*

Os alunos passaram a ser considerados como seres únicos com necessidades individuais e também como agentes do ensino, responsabilizados pela própria aprendizagem. Na Escola Nova, dispensavam-se provas formais e o processo era centrado na autoavaliação.

Conforme essa concepção, a experiência seria o principal fator que leva à aprendizagem, por meio do qual o aluno passaria a ser sujeito ativo, rompendo com a passividade. De acordo com Mizukami (2009, p. 56), "o aluno, consequentemente, deveria assumir responsabilidades pelas formas de controle de sua aprendizagem, definir e aplicar os critérios para avaliar até onde estão sendo atingidos os objetivos que se pretende".

Nesse contexto, o papel do professor seria o de incentivar, coordenar e organizar as atividades de interesse dos alunos, para auxiliar o desenvolvimento livre e espontâneo na busca do saber, ou seja, orientá-los e aconselhá-los nesse processo. O professor deveria ter autonomia em relação ao currículo, a fim de poder estabelecer os temas a serem abordados.

No âmbito do movimento da Escola Nova, organizaram-se núcleos de escolas experimentais e de iniciativa privada. A estrutura dos espaços escolares, bem equipados e decorados, e a metodologia diferenciada atenderam a um número pequeno de alunos, em um modelo de ensino elitizado que agravou o problema da marginalidade e da exclusão no país.

Segundo Saviani (2009, p. 9),

> *[uma vez que a escola nova provocou] um afrouxamento da disciplina e despreocupação com a transmissão dos conhecimentos, acabou a absorção do escolanovismo pelos professores por rebaixar o nível de ensino destinado às camadas populares, as quais muito frequentemente têm na escola o único meio de acesso ao conhecimento elaborado. Em contrapartida, a Escola Nova aprimorou a qualidade de ensino destinado às elites.*

Após a primeira metade do século XX, a Escola Nova, que impedia a expansão da escola para todos, já não se adaptava à proposta econômica e política do regime militar instaurado no Brasil. Articulou-se, então, um outro paradigma educacional: a pedagogia tecnicista.

1.4
Escola tecnicista

A tendência tecnicista esteve vigente na educação brasileira entre os anos de 1960 e 1970, período histórico marcado pelo regime militar, e foi influenciada pelo positivismo de Auguste Comte. O foco da educação no período estava voltado ao desenvolvimento econômico – seu objetivo era especializar pessoas para o mercado de trabalho que demandava mão de obra qualificada.

> *Durante a ditadura militar, as relações que se estabeleceram entre planejamento econômico, modernização acelerada das relações capitalistas de produção, tecnocracia e educação tinham na "teoria do capital humano" o seu elemento vital, a seiva ideológica que alimentava o projeto societário materializado no slogan "Brasil Grande Potência".* (Bittar; Ferreira Júnior, 2008, p. 344)

As reformas voltadas à educação e exploradas pelo governo militar tinham como premissa as recomendações vindas de agências internacionais vinculadas ao governo norte-americano.

O regime militar empenhou-se em conter quaisquer obstáculos que pudessem intervir na execução de suas determinações; atos de rebeldia dos sindicatos, dos meios de comunicação e especialmente das universidades eram inviabilizados.

> *A censura, os expurgos, as aposentadorias compulsórias, o arrocho salarial, a dissolução de partidos políticos, de organizações estudantis e de trabalhadores chegaram para ficar por longo tempo. Pouco mais tarde, introduzir-se-ia também a prática da tortura. Com esses recursos os militares, de fato, contiveram a crise econômica, abafaram a movimentação política e consolidaram os caminhos para o capital multinacional.* (Shiroma; Moraes; Evangelista, 2011, p. 28)

Na prática pedagógica tecnicista, o processo educativo era reordenado para tornar-se operacional e objetivo. Inspirada nas teorias behavioristas da aprendizagem e na aprendizagem sistêmica, a tendência tecnicista buscava atender à demanda industrial e tecnológica da época. Mizukami (2009, p. 28-29) define a função escolar desse período: "à educação escolar compete organizar o processo de aquisição de habilidades, atitudes e conhecimentos específicos, úteis e necessários para que o indivíduo se integre na máquina do sistema global".

O currículo era fragmentado e atendia à formação de mão de obra para o mercado. O elemento principal da prática pedagógica não era o professor, como na escola tradicional, nem o aluno, como na escola nova, e sim a técnica. Cumpria promover a organização racional dos meios. Nesse contexto, a metodologia de ensino da didática tecnicista se baseava no treino, em um processo repetitivo e mecânico. Como esclarece Behrens (2009, p. 50),

> *A transferência da aprendizagem depende do treino; é indispensável a retenção, a fim de que o aluno possa responder às situações novas de forma semelhante às respostas dadas em situações anteriores. A ênfase na repetição leva o professor a propor cópia, exercícios mecânicos e premiações pela retenção do conhecimento.*

A concepção tecnicista valorizava o acerto dos alunos ao realizarem as atividades; o erro devia ser repreendido com rigor e indicava incompetência. Os alunos eram avaliados em duas etapas: um pré-teste no início do conteúdo e um pós-teste, ao final, em um processo que valorizava o aluno com boa memória.

O professor era um mero especialista que servia de elo entre a verdade científica e o aluno. O planejamento era entendido como um instrumento de controle – não podia ser alterado no decorrer do ensino – e servia também para avaliar a competência docente.

A pedagogia tecnicista levou o sistema fabril para a escola, comprometendo a especificidade da educação, aumentando a desordem no campo educativo e gerando descontinuidade, fragmentação e burocratização do conhecimento. Esse cenário agravou o problema da evasão e da repetência, em uma concepção que não atendeu às demandas da sociedade.

Com o fim do regime militar em 1985, o momento de abertura política fez renascer a disputa por uma nova Constituição. Nesse contexto, as reivindicações e propostas de educadores giraram em torno da luta pela escola pública e gratuita; apresentaram-se metas relacionadas à universalização do ensino, à qualificação dos profissionais da educação, à democratização da gestão e à ampliação da escolaridade obrigatória.

As teorias descritas são de grande relevância para o entendimento da prática educativa. As transformações sociais ocorridas ao longo do tempo exigem da escola uma nova postura, com diferentes concepções de ensino e novos objetivos a serem alcançados por alunos e professores.

Na sequência, apresentaremos uma análise comparativa entre os períodos históricos examinados e a educação atual.

1.5 Principais pensadores que influenciaram o século XX

Quando se pensa na trajetória da educação ao longo do século XX, é necessário considerar que as necessidades de uma sociedade em constante transformação alimentaram tentativas de superar o modelo de escola conservadora e tradicional, incapaz de atender à complexidade científica e tecnológica da época.

Para esclarecer como se configurou esse contexto social, vamos explorar um pouco mais o conceito de *conservadorismo*. O termo fundamenta-se em uma atitude tradicionalista que se opõe aos avanços da modernidade. Quando se fala em conservadorismo na educação, a referência é a professores e profissionais que reproduzem em suas práticas as metodologias que vivenciaram em seu processo educativo. Como afirma Behrens (1999, p. 386), "os paradigmas conservadores caracterizam uma prática pedagógica que se preocupa com a reprodução do conhecimento".

É preciso destacar que se trata do início do século XX e que, antes disso, em 1789, ocorreu um movimento social importante: a Revolução Francesa, marco da história que deu início à Idade Contemporânea.

Na época, a população da França era dividida em clero, nobreza e povo. No conflito, o povo lutou contra o clero e a nobreza em busca de igualdade perante a lei. Esse é o contexto histórico da proposta feita pela classe dominante para a educação nessa nova sociedade, que abordaremos a seguir.

Nas palavras de Urbanetz e Melo (2008, p. 39):

> *Com o bordão "Liberdade, Igualdade e Fraternidade", a burguesia conclamou todos a apoiarem seu projeto de poder, mascarando-o como se fosse o projeto de um mundo novo para todos. Significa dizer que a burguesia tomou o poder para si, mas de modo que parecesse que o poder agora estava nas mãos de todos, numa manobra ideológica nunca antes vista nesta magnitude ao longo da história.*

Os embates ocorridos entre as classes sociais provocaram rupturas nas tradições, nas crenças religiosas e nos costumes, bem como um rompimento com o Antigo Regime. Surgiram, no entanto, pensadores conservadores que sistematizaram ideologias com o propósito de combater as ideias revolucionárias.

> ## BURKE, BONALD E MAISTRE
>
> Entre os conservadores do século 18, destaca-se o filósofo inglês Edmund Burke (1729-1797), que combateu o ateísmo, o racionalismo e defendeu fervorosamente a ordem tradicional em declínio.
>
> [...] Burke criticou os ideólogos iluministas – como Denis Diderot e Jean-Jacques Rousseau [...], além de Kant.
>
> No século 19, o mais destacado conservador foi Louis de Bonald (1754-1840). Bonald era um político francês e defendeu o Antigo Regime, a Igreja Católica Romana, a restauração da tradição e o princípio da autoridade monárquica. [...]
>
> Outro importante ideólogo do conservadorismo foi o filósofo e diplomata francês Joseph de Maistre (1753-1821), defensor da monarquia hereditária e opositor do movimento revolucionário [...].

Fonte: Cancian, 2009.

Nesse contexto, a democracia e a cidadania figuraram como elementos necessários para uma nova ordem social que atendesse aos interesses da burguesia – e não foi diferente com a educação. Nas palavras de Behrens (1999, p. 386), no paradigma conservador, sob a influência da ciência newtoniana-cartesiana, "a ação docente apresenta-se fragmentada e assentada na memorização, na cópia e na reprodução".

Segundo Saviani (1984), o autor que representa a corrente tradicionalista é Johann Friedrich Herbart, um filósofo que viveu entre 1776 e 1841, considerado um precursor da psicologia experimental, pois para o teórico citado a educação é um meio de submeter a criança às regras do mundo dos adultos.

Libâneo (1994, p. 60-61) esclarece as ideias conservadoras do filósofo alemão:

Segundo Herbart, o fim da educação é a moralidade, atingida através da instrução educativa. Educar o homem significa instruí-lo para querer o bem, de modo que aprenda a comandar a si próprio. A principal tarefa da instrução é introduzir ideias corretas na mente dos alunos. O professor é um arquiteto da mente. Ele deve trazer à atenção dos alunos aquelas ideias que deseja que dominem suas mentes.

A visão de Herbart está relacionada à postura de, na educação tradicional, tratar os alunos como tábulas rasas, como sujeitos que tinham de ser moldados para a sociedade. Essa concepção de sistema educacional "baseia-se no intelectualismo, na aquisição de conhecimentos e no cultivo do espírito" (Urbanetz; Melo, 2008, p. 43).

Vejamos a proposta do modelo didático que Herbart propôs para o desenvolvimento de uma aula:

1. Preparação: consiste numa recordação do que foi visto na aula anterior, o que às vezes se faz mediante a correção dos exercícios que haviam sido determinados para serem feitos em casa.
2. Apresentação: o professor expõe o conteúdo novo a ser aprendido naquele dia.
3. Comparação ou assimilação: são apontadas diversas situações em que se podem aplicar os conhecimentos recentemente apresentados. Trabalha-se aqui com exemplos.
4. Generalização: com base nos exemplos anteriores, chega-se ao estabelecimento de padrões, de regularidades ou de leis gerais que permitem a aplicação do conteúdo assimilado em qualquer circunstância em que ele seja adequado.
5. Aplicação: é a fase dos exercícios, a serem resolvidos em classe ou em casa.

Fonte: Cordeiro, 2009, p. 167-168.

Como é possível perceber, o método de Herbart, embora seja anterior ao século XX, teve grande influência na prática pedagógica da época e ainda pode ser identificado como guia para aulas nos dias atuais, sendo sua origem, às vezes, desconhecida por alguns professores que o aplicam.

A seguir, apresentaremos brevemente os principais nomes que influenciaram a educação no século XX. A ideia aqui não é fazer uma crítica às propostas desses pensadores. Recomendamos que você procure ler mais sobre as teorias e obras desses estudiosos a fim de compreendê-los em suas contribuições específicas no campo educacional.

JOHN DEWEY (1859-1952)

- "Concebia a escola como um espaço de produção e reflexão de experiências relevantes da vida social que permite o desenvolvimento de uma cidadania plena" (Sebarroja et al., 2003, p. 31).
- Sua pedagogia está baseada em noções de experiência e de atividade; para ele, só é possível aprender o que é de real interesse e espontâneo, de tal forma que possa ligar o indivíduo ao objeto do conhecimento.
- Ressalta a importância da educação ativa, com foco na prática e nos interesses da criança.

MARIA MONTESSORI (1870-1952)

- Defendia uma educação ativa e sensorial.
- Sua proposta educativa é centrada na criança.
- Teve sua pedagogia inserida no movimento escolanovista.
- "Seu método respeita o crescimento natural das crianças, desenvolve a educação sensorial na pré-escola. Para isso elabora diretrizes e materiais para trabalhar o desenho, a escrita, a leitura e a aritmética" (Sebarroja et al., 2003, p. 25).
- O método permite diversas adaptações.

- Ambiente e recursos didáticos são fundamentais.
- "A partir de sua experiência, Montessori chega à conclusão de que a leitura e a escrita não são simultâneas, dado que a escrita precede a leitura. [...] Para ela, ler é interpretar uma ideia por meio de sinais gráficos; assim, pois, enquanto as palavras escritas não transmitem ideias à criança, não podemos dizer que ela saiba ler" (Sebarroja et al., 2003, p. 31).

Ovide Decroly (1871-1932)

- Preocupou-se com o estudo, a compreensão e o estímulo do desenvolvimento infantil.
- "Desenvolveu um modelo pedagógico com fundamentos psicológicos e sociológicos e alicerçado no interesse do aluno e na autoavaliação" (Cordeiro, 2009, p. 176).
- Admitia que seu método era uma tentativa de conciliação entre as exigências ligadas aos conteúdos clássicos, derivados da escola tradicional, e as propostas renovadoras da Escola Nova, centradas no interesse espontâneo da criança.

Manuel Bergström Lourenço Filho (1897-1970)

- Juntamente com Anísio Teixeira e Fernando de Azevedo, contribuiu com propostas para o movimento da Escola Nova no Brasil.
- Defendia a classificação dos alunos das escolas primárias como base para a criação de classes homogêneas, entendendo que esse modelo era mais eficiente.

Célestin Freinet (1896-1966)

- Preocupou-se com as práticas de ensino.
- Criticava o autoritarismo da escola tradicional e também discordava dos escolanovistas.

- "Considerava a criança como um ser social, participante de uma comunidade, e não um simples indivíduo. Entre as técnicas defendidas por Freinet, destacam-se: o desenho livre, o texto livre, as aulas-passeio, a correspondência interescolar, a imprensa escolar e o livro da vida" (Cordeiro, 2009, p. 180).

PAULO FREIRE (1921-1997)

- Nascido em Pernambuco, Freire se interessou pelas questões da educação popular e pela alfabetização dos adultos.
- Orientou seus trabalhos na perspectiva da solidariedade com os mais pobres.
- Elaborou um método de alfabetização de adultos, com grande destaque na alfabetização de 300 adultos em 45 dias.
- Para Freire, a alfabetização é um processo de aquisição de consciência e deve ter como ponto de partida a realidade social e cultural dos estudantes.

BURRHUS FREDERIC SKINNER (1904-1990)

- A teoria behaviorista de Skinner foi bastante influente na prática e no pensamento da psicologia até os anos 1950.
- Conforme Skinner, a maioria dos comportamentos humanos tem consequências que afetam a frequência com que esses comportamentos ocorrem. É o que ele chama de *condicionamento operante*. Quando uma criança guarda seus brinquedos e é elogiada, por exemplo, essa consequência positiva do comportamento vai aumentar a possibilidade de a criança arrumar os brinquedos em outro momento.
- Para Skinner, o reforço positivo tem um papel importante na aprendizagem.

- "A programação de contingências, mais do que a seleção de estímulos propriamente dita, é a função principal do professor. Programar contingências significa dar o reforço no momento apropriado, significa reforçar respostas que provavelmente levarão o aprendiz a exibir o comportamento terminal desejado" (Moreira, 2014, p. 59).

JEAN PIAGET (1896-1980)

- Dedicou-se a averiguar como o conhecimento é construído e a explicar o desenvolvimento da inteligência humana.
- Para Piaget, o conhecimento não é implantado de fora, mas tem de ser construído ou reconstruído pelo sujeito.
- As propostas de Piaget configuram uma teoria construtivista do desenvolvimento cognitivo humano.

LEV SEMYONOVICH VYGOTSKY (1896-1934)

- Para Vygotsky, a equilibração é um aspecto básico para a explicação do desenvolvimento cognitivo.
- "Ele parte da premissa de que o desenvolvimento cognitivo não pode ser entendido sem referência ao contexto social e cultural no qual ocorre" (Moreira, 2014, p. 107).

Entre esses pensadores, como é possível perceber, há propostas pedagógicas e educacionais diferentes. Algumas delas apresentam características mais tradicionais, outras são mais inovadoras, mas todas são relevantes e muitas ainda hoje estão presentes nas salas de aula.

De acordo com Becker (2001), assegurar que o método da transmissão do conhecimento foi superado é um equívoco, visto que diversas instituições de ensino insistem em utilizá-lo. Dessa forma, apesar de muito se falar em construção do conhecimento, o que ainda persiste, com frequência, é a prática fundada na transmissão, que leva o aluno a repetir e memorizar para aprender, sem considerar se esse processo realmente favorece a aquisição do conhecimento.

Síntese

Neste capítulo, abordamos a educação no século XX e os modelos de escola que marcaram a época no Brasil. Mostramos que, embora nesse período tenha surgido novas tendências epistemológicas, o que permaneceu na educação foi a ciência empirista com ênfase em uma visão fragmentada da produção dos saberes, direcionando tanto professores quanto alunos à mera reprodução de conhecimentos, em uma didática pautada na cópia e na memorização.

Tais aspectos fomentam um ensino pouco significativo para os envolvidos no processo. Sob a perspectiva conservadora, observam-se a não participação por parte do aluno e o rigor no ensino, em um processo no qual o professor é autoritário e detém o conhecimento a ser transmitido.

Destacamos também que a Escola Nova surgiu como tentativa de superar a escola tradicional e, no contexto industrial, a proposta da escola tecnicista superou a proposta anterior. Ainda no século XX, surgiram novas abordagens educacionais, que vamos discutir no próximo capítulo.

Atividades de autoavaliação

1) Conforme Behrens (1999), é relevante que os professores reflitam sobre os paradigmas conservadores e busquem maneiras de ultrapassá-los. Sobre os paradigmas conservadores, é correto afirmar:
   a. Têm como pressuposto essencial uma prática pedagógica que possibilite a produção do conhecimento.
   b. No paradigma conservador, o professor é o personagem principal – ao mesmo tempo, o sujeito do processo de ensino e aprendizagem e o elemento decisivo e decisório no ensino.
   c. No paradigma conservador, é enfatizada a necessidade de formar um docente inquiridor, questionador, investigador, reflexivo e crítico.
   d. Nesse paradigma, é comum que os docentes trabalhem no contexto de um sistema interdisciplinar.

2) Cada abordagem pedagógica tem influência direta dos paradigmas da época. Qual é a abordagem na qual o professor é o único responsável pela transmissão do conhecimento escolar e, em nome da transmissão desse conhecimento, considera o aluno como uma tábula rasa?
   a. Abordagem pedagógica progressista.
   b. Abordagem pedagógica neutra.
   c. Abordagem pedagógica tradicional.
   d. Abordagem pedagógica inovadora.

3) Na Escola Nova, a questão pedagógica passa do intelecto para o sentimento, do aspecto lógico para o psicológico, dos conteúdos cognitivos para processos pedagógicos. Sobre a Escola Nova, é correto afirmar:
   a. O professor era autoritário e rigoroso; o diálogo com os alunos era objetivo e profissional.
   b. Os conteúdos eram organizados de maneira fragmentada, com foco no conhecimento absoluto.
   c. O aluno era passivo e receptivo, devia obedecer ao professor sem questionar.
   d. O espaço escolar tornou-se acolhedor, as paredes assumiram cores alegres, com cartazes coloridos e ilustrações atrativas.

4) A sociedade do século XX apresentou mudanças que afetaram todos os profissionais. Nesse contexto, os professores precisaram adquirir novas competências e habilidades. Sobre a escola do século XX, é correto afirmar:
   a. Houve tentativa de superar a escola tradicional, rígida e voltada para a memorização dos conteúdos.
   b. O governo conseguiu universalizar o ensino básico para toda a população.
   c. Predominava o espírito religioso.
   d. Tornou-se comum a aprendizagem em escolas sem professor.

5) Behrens (1999, p. 386) afirma que "os paradigmas conservadores caracterizam uma prática pedagógica que se preocupa com a reprodução do conhecimento". A reprodução do conhecimento se consolida na seguinte situação:
   a. um professor que estimula a pesquisa em grupo.
   b. um professor que privilegia a exposição oral.
   c. um professor que incentiva leituras extraclasse.
   d. um professor que elabora avaliações que estimulam a aprendizagem.

Atividades de aprendizagem

Questões para reflexão

1) Segundo Aranha (2006b, p. 243), "ao contrário do século XIX, marcado pela visão do trabalho e da poupança, o século XX constituiu o ideal da sociedade de lazer, ancorado no mundo do consumo". Reflita sobre o que é preciso fazer para não sofrer os efeitos perigosos dessa ilusão.

2) Behrens (1999) propõe uma importante reflexão para a prática pedagógica: "Será que ao utilizar recursos didáticos e, em especial, os recursos informatizados, o professor altera seu paradigma cartesiano de oferecer ensino aos alunos, ou troca o caderno e o quadro de giz pelo monitor do computador?". Reflita sobre essa situação e posicione-se sobre o uso de recursos informatizados em sala de aula.

Atividade aplicada: prática

1) Agora que você conhece o contexto histórico dos paradigmas educacionais, construa uma linha do tempo com as concepções de educação estudadas e relacione os principais pensadores mencionados neste capítulo com cada concepção.

   Neste momento, não se preocupe com datas, o importante é estabelecer uma ordem entre as concepções e os pensadores. Isso ajudará você a organizar o conteúdo abordado.

2

Transformação dos paradigmas na educação

Após uma reflexão sobre a história da educação brasileira no início do século XX, chegamos ao segundo capítulo, no qual examinaremos os paradigmas emergentes ou inovadores, um conteúdo de relevância extrema para quem atua na área educacional.

A superação das práticas tradicionais na educação não é tarefa simples, especialmente porque elas mantêm relação com o contexto histórico em que foram delineadas. Uma medida essencial é refletir sobre os novos paradigmas para transpor os desafios da ação docente.

A quantidade crescente de informações que atinge as pessoas todos os dias pelos diversos meios de comunicação e as possibilidades diferentes de aprendizagem requerem uma visão holística do mundo, o que se aplica também à educação.

Neste capítulo, analisaremos caminhos que a educação seguiu a partir do fim do século XX, enfocando a complexidade e as possibilidades do envolvimento de professores e alunos no processo de ensino e aprendizagem.

2.1
A educação no fim do século XX e início do século XXI

Muitos paradigmas mudaram no século XX, sobretudo de mentalidade e de comportamento. Esses novos modelos estão relacionados principalmente às necessidades de um mundo que experimenta transformações e desenvolvimento significativos em áreas como tecnologia e comunicação. O período testemunhou a ascensão de uma sociedade mais dinâmica, em que informações passaram a alcançar um número cada vez maior de pessoas. Essas mudanças influenciaram a educação de maneira direta e ela precisou se adaptar às novas demandas.

Mostramos que, na primeira metade do século XX, a relação entre a pedagogia e as demais ciências intensificou a busca por métodos ativos que atraíssem a atenção dos estudantes, proposta que foi criticada pelos chamados *críticos reprodutivistas*. Nas palavras de Aranha (2006a, p. 117), "os críticos-reprodutivistas consideravam que a escola era apenas uma engrenagem dentro do sistema e tendia a reproduzir as diferenças sociais, mesmo quando dava a impressão de democratizar".

Depois da Segunda Guerra Mundial (1939-1945), instaurou-se uma disputa intensa entre a União das Repúblicas Socialistas Soviéticas (URSS) e os Estados Unidos – a chamada *Guerra Fria*. Em 1991, com o fim da União Soviética, o conflito entre os dois países deu lugar a uma nova ordem mundial. Era o início da globalização.

No Brasil, uma grande transformação de paradigma ocorreu em 1961, com a elaboração da primeira Lei de Diretrizes e Bases da Educação Nacional (LDBEN). Em 1971, essa lei sofreu alterações e, em 20 de dezembro 1996, foi decretada a Lei n. 9.394, que finalmente estabeleceu uma nova LDBEN.

O período entre o fim do século XX e o começo do século XXI é bastante complexo do ponto de vista histórico. Já mencionamos que não se compreende a escola fora do contexto social e econômico em que ela está inserida e a ideia aqui é explicar brevemente esse contexto para auxiliar na compreensão acerca dos rumos que a educação tomou. Como afirmam Libâneo, Oliveira e Toschi (2003, p. 172), "As noções que as pessoas têm a respeito do mundo, da sociedade e dos homens orientam sua visão de escola, advindo daí a existência de diferentes compreensões de educação escolar, diferentes maneiras de entender a relação entre educação e sociedade".

No capítulo anterior, destacamos que em cada período histórico do Brasil houve alguma ação ou transformação na educação – especificamente nas práticas pedagógicas –, relacionada ao tipo de sociedade e de homem que se pretendia formar. Ao se refletir sobre a organização e sobre a estrutura do sistema de ensino no Brasil, é possível perceber que houve uma grande interferência das políticas educacionais nesse panorama.

Na década de 1990 e no início dos anos 2000, a proposta de democratizar a educação havia sido concretizada e um outro tipo de homem se tornou necessário, um que estivesse adaptado ao novo momento histórico, em um cenário em que avanços tecnológicos e a globalização de mercado estavam transformando a organização do trabalho.

No início do século XXI, os paradigmas emergentes passaram a considerar a possibilidade de autoaprendizagem. Nesse sentido, a dimensão social tem orientado as práticas pedagógicas inovadoras para além do âmbito escolar, levando em conta as relações sociais que são espaços geradores de aprendizagem e de conhecimento. Segundo Veiga (2004), a ação pedagógica volta-se ao contexto da ação social, que é regida por objetivos e conhecimentos próprios.

Libâneo (2008) afirma que o maior desafio da educação no século XXI é a efetivação da sociedade da informação. Em uma época em que as informações estão disponíveis em diversos meios e a tecnologia avançada é cada vez mais acessível, é necessário refletir sobre as práticas pedagógicas, pois as ações tradicionais não são mais suficientes. Você se lembra de quais eram as práticas tradicionais? Aquelas que visavam à memorização e à repetição e que tinham como alvo o aluno passivo.

No novo contexto, o desafio para o professor deixa de ser a busca pela informação e passa a ser como interpretá-la, como acessá-la, como usá-la e como compartilhá-la de maneira efetiva para a aprendizagem.

Behrens (1999) identifica os principais aspectos relacionados às três abordagens inovadoras: sistêmica, progressista e do ensino com pesquisa, como consta no Quadro 2.1. Segundo a autora, o paradigma emergente tem grande relação com essas três abordagens.

Quadro 2.1 – Tema: abordagens inovadoras

Abordagem sistêmica	Busca a superação da fragmentação do conhecimento, considerando o ser humano em sua totalidade, com suas inteligências múltiplas e levando à formação de um profissional humano, ético e sensível.
Abordagem progressista	Tem como pressuposto a transformação social. Considera o diálogo e a discussão coletiva como forças propulsoras para uma aprendizagem significativa.
Ensino com Pesquisa	Ajuda a superar a reprodução banal do conhecimento e aposta na autonomia e no espírito crítico e investigativo. Nessa abordagem, alunos e professores são considerados pesquisadores e produtores do conhecimento.

Fonte: Elaborado com base em Behrens, 2009, p. 56.

As novas abordagens educacionais suscitam também a reflexão sobre o paradigma emergente e a necessidade de metodologias desafiadoras que possibilitem ao aluno refletir sobre o que aprende e produzir conhecimento.

2.2
Paradigma da complexidade

Para compreender a abordagem sistêmica, que tem como desafio vencer o saber fragmentado, é válido explorar o paradigma da complexidade, que se apresenta como resultado do desenvolvimento do conhecimento e da globalidade no século XXI. Esse paradigma inovador fomenta uma visão mais crítica da educação, além de pleitear concepções novas de homem, de sociedade e de educação.

Sistematizada pelo pensador Edgar Morin em 1991, a teoria da complexidade analisa o pensamento complexo em oposição ao pensamento simplificador. Segundo Morin (2007, p. 37), "o simples não passa de um momento, um aspecto entre várias complexidades (microfísica, macrofísica, biológica, psíquica, social)".

Petraglia (1995, p. 47), por sua vez, explica que o pensamento complexo "é aquele capaz de considerar todas as influências recebidas: internas e externas". Ou seja, passamos de um pensamento reducionista, que observa as partes separadamente, para a construção de um pensamento multidimensional.

As mudanças na sociedade e nos comportamentos impõem desafios constantes para os professores, que precisam criar condições para o acesso dos alunos ao conhecimento. Você consegue identificar que, nessa situação, é necessário um pensamento sistêmico, que observe o todo e não as partes?

A abordagem sistêmica está fundamentada na concepção do aluno como um todo, que envolve razão e emoção, entre outros aspectos. Mudanças rápidas criam a necessidade de desenvolver novas maneiras de entender o mundo e de interpretar experiências. Esse ambiente de mudanças e de incerteza que gera inovação pode ser explicado pelo paradigma da complexidade.

Segundo Morin e Moigne (2000), quando se pensa em uma abordagem sistêmica, deve-se ter em mente a superação da fragmentação, o olhar para o todo. Uma distinção importante entre a abordagem clássica e a do pensamento sistêmico é que a primeira desconsidera as conexões externas.

Você já pensou em como é complexo explicar a vida humana na Terra ou em todas as teorias sobre a criação do Universo? Você certamente conhece alguma explicação para tudo isso, mas sempre surgem ideias novas que causam conflito. Esse conflito constante que gera incertezas faz parte da complexidade. Muitas vezes, é mais fácil ou cômodo negar a complexidade do que enfrentar o sentimento de eterno recomeço. Você já se deparou com essa situação?

Podemos reconhecer tal situação na educação atual. Vamos usar o exemplo das avaliações em larga escala utilizadas pelo Instituto Nacional de Estudos e Pesquisas Educacionais Anísio Teixeira (Inep). Não há como prever com certeza o desempenho dos alunos e das escolas. O que se pode fazer é reduzir incertezas, transformar informações em conhecimento, inovar e buscar novas formas de fazer a educação acontecer, criando-se ambientes mais propícios às inovações, de modo a tornar alunos e escolas mais competitivas. Vale lembrar que o reconhecimento de boas práticas não garante o sucesso das escolas, pois ações bem-sucedidas de uma instituição nem sempre podem ser aplicadas em outras.

Nas palavras de Perrenoud (2001, p. 46),

> *reconhecer a complexidade significa renunciar ao sonho de ver claramente e de fazer com que todos cheguem a um acordo de uma vez por todas, significa aceitar questionar constantemente os problemas e suas soluções, aceitar uma mudança periódica de paradigma, de maneira de pensar, para integrar novas perspectivas.*

Na educação, a administração da complexidade está nas mãos do gestor e também dos professores. Como afirma Perrenoud (2001, p. 48), "em uma gestão moderna, enfrentar a complexidade é promover uma unidade de trabalho, e não de seus únicos responsáveis". Isso quer dizer que envolver os colaboradores e a comunidade da escola é uma oportunidade de gerenciar a complexidade.

Na perspectiva da teoria da complexidade, não há receitas prontas e verdades imutáveis. Os resultados do diálogo com a realidade dependem do olhar dos observadores, que são protagonistas, em lugar de juízes independentes e neutros. As observações são influenciadas pelos observadores, limitados ou enriquecidos por suas crenças e experiências de vida, bem como por suas opções políticas e pelos contextos em que vivem.

O aluno é um ser social, que vive em um mundo complexo e coletivo. Ao mesmo tempo, é único, dotado de potencialidades e particularidades. Essas diferenças individuais dos alunos precisam ser respeitadas pelo professor e pela turma.

2.3
Ensino com pesquisa

Como mencionamos anteriormente, em uma época em que as informações estão disponíveis em diversos meios e a tecnologia avançada está cada vez mais acessível, o desafio para o professor deixa de ser a busca pela informação e passa a ser como interpretá-la, como acessá-la, como usá-la e como compartilhá-la de maneira efetiva para a aprendizagem.

A tecnologia avançada impactou os costumes e rompeu as barreiras da sala de aula; a escola não é mais a única porta de acesso ao conhecimento. Assim, "a produção do saber nas áreas do conhecimento demanda ações que levem o professor e o aluno a buscar processos de investigação e pesquisa" (Behrens, 2015, p. 77). Na prática, que ações são essas?

O trabalho com projetos interdisciplinares é um exemplo de ensino com pesquisa. Conduzir e construir temas de projetos de pesquisa coletiva exige do professor uma nova postura pedagógica. Para esse trabalho, ele precisa colocar-se como orientador, e não como dono do saber. No ensino com pesquisa, o professor apresenta o projeto de estudo aos alunos na busca por envolvimento e participação.

No desenvolvimento da pesquisa, o docente tem a possibilidade de instigar o posicionamento, a autonomia, a tomada de decisão e a construção de conhecimentos. Segundo Demo (2013), a aprendizagem pode ser sintetizada em uma única finalidade: aprender a pensar. É nessa perspectiva que o ensino com pesquisa pode ser considerado uma proposta significativa. "A pesquisa pressupõe uma metodologia científica, sendo que esta assume o papel de incentivo na capacidade de construção do conhecimento" (Demo, 2013, p. 8).

Considerando-se a função social da escola na sociedade contemporânea, é necessário que ela proponha a formação para o conhecimento. A inovação passou a ser essencial ao sucesso, e as escolas precisam se desenvolver e promover em seus espaços estímulos cada vez mais adequados à criatividade, formando alunos com autonomia.

Na concepção de ensino com pesquisa, o aluno assume o papel de investigador. A participação no processo de escrita envolve a prática da leitura e da reflexão crítica sobre o tema em questão, tornando esse sujeito ativo no processo de aprendizagem. O esperado é que a postura dos alunos no processo de pesquisa seja atuante, problematizadora e, principalmente, que eles busquem encontrar consenso nas discussões.

Mas será que é fácil fazer pesquisa? Aqui estamos tratando de uma concepção de ensino que requer um entendimento da escrita como algo que vá além da cópia. Quando a cópia leva à pesquisa reprodutivista e não constrói conhecimentos, volta-se à mera memorização.

O interessante é observar que o ensino com pesquisa implica ensinar os estudantes a produzir novos saberes com base em suas opiniões e vivências. Nesse sentido, Demo (2007) identifica cinco níveis a serem percorridos para a superação da pesquisa reprodutivista, aproximando-se teoria e prática.

Quadro 2.2 – Ensino com pesquisa

Interpretação reprodutivista	Neste nível, o aluno deve ler o texto e identificar as informações com fidelidade, compreendendo sua organização de maneira lógica.
Interpretação própria	Nesta segunda etapa, o aluno deve dar um significado pessoal ao texto escolhido, interpretando-o com base em suas experiências e conhecimentos.
Reconstrução	Neste ponto, o aluno pode reconstruir a interpretação feita no segundo nível, agregando a visão de outros autores para fundamentar sua produção.
Construção	O quarto nível abre novos caminhos, em que o aluno avança em seus estudos; é o momento de aprofundar a pesquisa analítica e a elaboração.
Criação e descoberta	Aqui, o aluno pode criar novos métodos e justificativas para a produção do conhecimento.

Fonte: Elaborado com base em Demo, 2007.

Esses níveis são apenas sugestões apresentadas pelo referido autor, um estudioso da educação. Isso não significa que todos os professores devem se sujeitar a esse modelo. Os docentes são livres para inovar e propor outras formas significativas de desenvolver pesquisa. De todo modo, é necessário que o professor seja pesquisador, investigador e tenha o hábito da leitura, postura que facilita a orientação dos alunos. É sempre importante lembrar, no entanto, que o professor não é o detentor do conhecimento. Como descreve Behrens (2009, p. 91),

> *a metodologia do ensino com pesquisa pode criar um ambiente inovador e participativo na escola e na sala de aula, pois se torna necessário reduzir espaço de aulas expositivas para pesquisar, buscando informações, acessando recursos informatizados e leituras para instrumentalizar a elaboração de textos e a construção de projetos.*

Nessa concepção, a iniciativa deve ser valorizada. Você já viu uma criança quebrar um brinquedo para descobrir como funciona ou o que existe lá dentro? É fundamental que o professor orientador deixe esse movimento de descoberta acontecer. O ensino por meio de projetos de pesquisa leva professores e alunos a refletir juntos, desperta o senso crítico e promove a construção de conhecimentos significativos.

2.4
Escola progressista

A escola progressista tem como pressuposto a crítica às realidades sociais. Conforme Libâneo (2006, p. 32, grifos do original), essa corrente

> *tem-se manifestado em três tendências: a **libertadora**, mais conhecida como pedagogia de Paulo Freire, a **libertária**, que reúne os defensores da autogestão pedagógica; e a **crítico-social dos conteúdos** que, diferentemente das anteriores, acentua a primazia dos conteúdos no seu confronto com as realidades sociais.*

A concepção da escola progressista tem como precursor Paulo Freire, segundo o qual o educando é o sujeito da educação e agente de transformação. É importante destacar que a abordagem freiriana vai além da alfabetização popular libertadora – suas concepções sobre educação são atuais e têm impacto no processo de ensino e aprendizagem que se promove nas escolas hoje.

Nesse contexto, Moreira (2014, p. 156) destaca algumas características da atuação do professor na escola:

- professor mediador;
- aprendizagem significativa;
- valorização do conhecimento prévio;
- situações de ensino com sentido;
- interação social como aspecto fundamental;
- significados construídos criticamente.

Na perspectiva da escola progressista, considera-se o ser humano como autor de sua própria história. Valoriza-se o compartilhamento de ideias, informações, responsabilidades e decisões. Nesse cenário, o aluno é responsável pela ação educativa – ele constrói seu desenvolvimento intelectual, físico e mental. O aluno não espera que o professor apresente tudo pronto; a responsabilidade de conduzir as aulas e as discussões é de ambos.

Até este ponto, indicamos as características dos professores e dos alunos na concepção da escola progressista, mas a instituição escolar também tem responsabilidades específicas nessa abordagem. A escola é desafiada a promover a vivência coletiva e o individualismo de cada integrante. Neste momento, você deve estar se perguntando: Como isso pode acontecer?

A escola progressista tem como objetivo a transformação social. Para isso, devem ser desenvolvidos conteúdos significativos, ou seja, relacionados à realidade dos alunos. A vivência coletiva acontece quando há ruptura da relação hierarquizada e professores e alunos trabalham juntos, em grupo. O individualismo é favorecido por meio do respeito ao aluno e aos limites de atuação de cada um.

A avaliação também promove a participação individual e coletiva dos alunos. Os critérios são estabelecidos em grupo, portanto professores e alunos são responsáveis pelo fracasso ou pelo sucesso coletivo. Nessa concepção, a avaliação perde o caráter punitivo e classificatório e passa a ser considerada parte contínua da aprendizagem.

Essas são as premissas da escola progressista, que, como mostramos, é uma concepção que valoriza o conhecimento de cada sujeito e incentiva a construção do conhecimento. Cabe aqui fazer uma observação: a consolidação da escola progressista é um desafio diário. A mudança da prática pedagógica não é tarefa fácil: o professor deve estar aberto à situação de aprendizagem, e o aluno precisa romper com a passividade. Essa situação pode parecer incômoda de início, afinal, professores e alunos precisam sair de sua zona de conforto, porém traz grandes benefícios para a aprendizagem e para a sociedade como um todo.

2.5
Tecnologia e educação

A tecnologia permite que o aluno se torne sujeito ativo do processo de aprendizagem e pode contribuir para o desenvolvimento de conceitos abstratos. Os recursos tecnológicos não devem ser meros detalhes que tornam a organização escolar moderna e conectada – é preciso que seu uso seja pautado em objetivos claros e específicos.

Sobre a utilização da tecnologia na escola, Simião e Reali (2002, p. 129) afirmam: "evidenciamos que a formação de professores passa por grandes desafios devido a mudanças em seu papel de instrutor e transmissor do conhecimento para o de organizador e orientador da aprendizagem".

As práticas pedagógicas inovadoras baseadas na gestão do conhecimento propõem que o indivíduo saiba utilizar a informação, buscando a transformação de sua realidade. No entanto, Sancho e Hernández (2006, p. 18) fazem uma ressalva: "a maioria das pessoas que vivem no mundo tecnologicamente desenvolvido tem um acesso sem precedentes à informação; [mas] isso não significa que disponha de habilidade e do saber necessários para convertê-los em conhecimento".

Podemos entender que existe uma infinidade de informações e muitos meios para acessá-las, mas nem sempre as pessoas sabem como processá-las – muitas vezes, nem mesmo sabem selecionar a informação correta. No contexto educacional, a tecnologia deve ser utilizada para promover a criação e o compartilhamento do conhecimento, possibilitando autonomia nos estudos, motivação, estímulo à pesquisa etc., ou seja, deve superar a função de organização ou demonstração da informação.

O desafio dos profissionais da educação é propiciar o entendimento de como selecionar uma informação e transformá-la em conhecimento. Assim, os recursos tecnológicos não podem ser utilizados meramente como forma de melhorar a didática do professor, servindo de apoio ao tradicional modelo de educação.

Os alunos devem ter a possibilidade de aprender de forma customizada, e ao professor cabe atendê-los individualmente e valorizar suas habilidades. A escola precisa preparar as crianças para que se relacionem, trabalhem e vivam na complexa sociedade atual, a sociedade do conhecimento. As mudanças que podemos acompanhar nessa sociedade demonstram a necessidade de uma prática educativa mais dinâmica e ativa, e isso inclui o uso da tecnologia. Como afirmam Sancho e Hernández (2006, p. 16),

> *o computador e suas tecnologias associadas, sobretudo a internet, tornaram-se mecanismos prodigiosos que transformam o que tocam, ou quem os toca, e são capazes, inclusive, de fazer o que é impossível para seus criadores. Por exemplo, melhorar o ensino, motivar os alunos ou criar redes de colaboração.*

Novas tecnologias são desafiadoras, tanto para o docente quanto para o discente, ao mesmo tempo que proporcionam diariamente novas facilidades para a comunicação e o acesso à informação, tudo isso envolvido em descobertas, conceitos e práticas de vida que se renovam a todo instante. Esse processo de inovação, com o uso das novas tecnologias na dinâmica de ensino e aprendizagem, oferece possibilidades válidas para que a pedagogia seja mais abrangente e dinâmica.

No dia a dia, podemos observar quantas profissões novas estão surgindo, como as empresas estão se modernizando com os avanços da comunicação – e a educação precisa acompanhar esse ritmo. Usar a tecnologia não é só ligar alguns computadores na sala de aula. O educador precisa lançar mão de metodologias que promovam interatividade, instantaneidade e a adesão ao novo conceito de espaço e tempo que os ambientes virtuais propiciam. Assim, somente o uso de computador, *tablets* e *smartphones* não é suficiente, uma vez que esses recursos são apenas parte da imensa revolução na produção do conhecimento.

A necessidade de evitar a memorização e, por consequência, a exigência de que o professor repense suas práticas – incluindo a tecnologia e mudando sua forma de executar os processos e de ver o mundo – estão relacionadas também à mudança de uma sociedade que antes visava à produção em massa e que agora precisa de outro modelo, pois o contexto social prevê uma produção sustentável, cada vez mais individualizada. Sancho e Hernández (2006, p. 18) argumentam que as tecnologias da informação e comunicação (TICs) estão transformando o mundo e devem ser consideradas na educação.

Perrenoud (2001) também defende a necessidade de práticas pedagógicas inovadoras, de professores envolvidos com as mudanças sociais e tecnológicas. Algumas escolas vêm desenvolvendo projetos de informática, robótica, microeletrônica e biotecnologia em parceria com órgãos empresariais, com a missão de preparar trabalhadores para o futuro do mercado de trabalho.

Aqui, cabe observar que a internet pode mudar o paradigma de uma escola massificada. Você conhece o Khan Academy? Trata-se de um *site* criado pelo educador norte-americano Salman Khan que disponibiliza gratuitamente vídeos com explicações sobre temas diversos. O *site*, que é sem fins lucrativos, possibilita que os alunos assistam às aulas em casa e realizem os exercícios em sala de aula. Nesse modelo, o aluno não pode ser passivo, uma vez que a responsabilidade da aprendizagem também é dele; o professor deve orientá-lo e incentivá-lo.

No entanto, não podemos nos esquecer de um detalhe importante: para haver mudança na escola, é necessário que a formação dos professores também mude. De acordo com Christensen, Horn e Johnson (2009, p. 113),

> À medida que o sistema monolítico de ensino muda para um ambiente de aprendizagem habilitado por tecnologia centrada no aluno, as funções dos professores também sofrem transformações graduais. [...] Os professores passarão a agir mais como orientadores e tutores de aprendizado para ajudar os estudantes a descobrir a abordagem de aprendizagem que, para eles, faz maior sentido.

Hancock (2005) afirma que existe uma tensão entre as possibilidades de apoio aos processos educacionais oferecidas pela tecnologia e as condições de sua aplicação, que estão relacionadas ao sistema social, ao sistema educacional e aos modos de gestão. Segundo Hancock (2005, p. 223), essas tecnologias devem oferecer:

- uma dimensão maior – possibilidade de atingir um número maior de pessoas;
- economias de escala – a consequência econômica de uma dimensão maior é a redução do custo unitário, como os métodos de ensino a distância;
- riqueza de ilustração e de visualização;

- acesso à informação – incluindo os novos conceitos de arquivamento e de armazenamento ligados à interatividade;
- simulação – perspectivas de futuro, com apresentações artificiais ou multissensoriais da realidade;
- um modo de expressão da criatividade – novas formas de composições e de combinações para o escritor e o artista.

Apesar de a maioria das pessoas ter acesso ao mundo informatizado, as funções apresentadas por Hancock não são preenchidas por todas as tecnologias nem estão disponíveis para todas as pessoas. As limitações relacionadas ao uso da tecnologia dizem respeito à debilidade da base econômica e industrial e aos recursos humanos e financeiros das infraestruturas educacionais.

Considerando as diversas ferramentas de interação que as TICs podem proporcionar, muitos estudiosos viram uma possibilidade de repensar e de melhorar a educação por meio desses recursos. Para isso, é necessário romper com o ensino centrado no professor.

O ambiente altamente estimulante no qual crianças e jovens estão inseridos atualmente favorece o trabalho educativo que valoriza a criatividade e a iniciativa, facilitando a adaptação das TICs ao processo de ensino e aprendizagem. No entanto, os professores precisam estar preparados e abertos a rever suas crenças para explorar o potencial das TICs em sua prática pedagógica. Sancho e Hernández (2006) destacam que, para boa parte das crianças, é normal crescer em um ambiente tecnológico, meio válido para apurar a capacidade dos alunos de captar mensagens, ficando evidente que a linguagem tecnológica possibilita maior interatividade. Ainda conforme os autores, *toda atividade mediada pelo computador pressupõe o desenvolvimento de capacidades cognitivas e metacognitivas (resolução de problemas, planejamento, organização de tarefas etc.). Deste ponto de vista, o estudo, a experimentação e a exploração da informação, em qualquer área do currículo escolar, melhoram imediatamente a motivação, o rendimento e as capacidades cognitivas dos alunos.* (Sancho; Hernández, 2006, p. 21)

Quadro 2.3 – Possibilidades ofertadas pelas TICs para despertar a motivação e melhorar o rendimento dos alunos

Dificuldade de aprendizagem	Possibilidades de melhorar
Expressividade, diversificação dos códigos	Facilidade de integrar textos, gráficos, linguagem audiovisual.
Troca, cooperação, elaboração de hipóteses, argumentação, aceitação da diversidade	Ampliação da comunicação com pessoas geograficamente distantes, ampliação do contato com diversidades, estímulo à elaboração de hipóteses.
Estímulo à pesquisa, interdisciplinaridade e interatividade.	Habilidades de acesso à informação diferentes da habilidade utilizada com material impresso.

Fonte: Elaborado com base em Sancho; Hernández, 2006.

As possibilidades de melhora na aprendizagem expostas por Sancho e Hernández (2006) pressupõem o uso das TICs como recurso mediador. Atualmente, os recursos tecnológicos estão inseridos no cotidiano de grande parte dos alunos em forma de jogos e de ferramentas para promover diversão e comunicação, mas podem ser ressignificados e aplicados como metodologias de ensino, ampliando as possibilidades de aprendizagem.

Esse processo está relacionado ao que Vygotsky (1984, p. 97) chama de *zona de desenvolvimento proximal*, que "define aquelas funções que ainda não amadureceram, mas que estão em processo de maturação, funções que amadurecerão, mas que estão, presentemente, em estado embrionário". Cabe ao professor utilizar-se das TICs para abordar os conteúdos de forma mais dinâmica e estimular o aprendizado dos alunos em cada etapa de seu desenvolvimento.

Síntese

Neste capítulo, abordamos o paradigma emergente. Identificamos que há um movimento de mudança das práticas docentes e da postura dos alunos. Quando se consideram as características da sociedade atual, é possível verificar o impacto de suas mudanças nas formas de trabalho, nas crises financeiras e na educação. Assim, as formas de ensinar também passam por transformações. Sabemos que aulas convencionais estão ultrapassadas, mas isso não significa que esse tipo de aula não aconteça mais.

A ação pedagógica deve levar à produção do conhecimento, buscando formar um sujeito crítico capaz de reconhecer a realidade e refletir sobre ela. Na prática, essa ação pode acontecer por meio das abordagens inovadoras do paradigma emergente: sistêmica, progressista e do ensino com pesquisa.

Nessas abordagens, não há espaço para estudantes e docentes passivos – a tendência é que ambos sejam ativos na busca pela construção do conhecimento. Além disso, é necessário que as instituições de ensino contemporâneas também estimulem a participação ativa e crítica dos alunos nas diversas propostas de ensino, seja na sala de aula, seja no ambiente *on-line*, seja na forma de viver em comunidade.

É com base nessa concepção holística que a prática pedagógica vem sendo abordada por pedagogos, filósofos e demais estudiosos da educação. Para eles, a escola pode ser transformada mediante a ação humana. Práticas pedagógicas inovadoras devem ser consideradas e aplicadas a fim de obter o desenvolvimento social necessário para uma cidadania ativa e geradora de conhecimento.

Um bom desempenho do ensino pode ser explicado pela motivação individual – que se desenvolve em níveis distintos e responde a estímulos diferentes. Nesse sentido, a motivação depende do estímulo e este deve respeitar as características de cada indivíduo. Daí a importância de o professor promover esse incentivo, de modo que o aluno não seja passivo no processo.

Sabemos que é possível ensinar e aprender sem fazer uso de recursos tecnológicos, no entanto tais recursos não podem ser simplesmente desprezados. Além de oferecerem mobilidade, possibilitam a interatividade e, por meio de *links* que se interconectam a um tempo e em espaço diversificados, permitem o acesso a um grande volume de informações. As TICs são recursos com caráter lúdico que contribuem para a construção de conhecimentos de forma interdisciplinar e colaborativa.

Atividades de autoavaliação

1) De acordo com Behrens (1996), para atender às novas expectativas, o novo docente tem de gerar conhecimento sem deixar de estar atento aos recursos tecnológicos. Sobre esse novo desafio do docente, assinale a alternativa correta:
   a. O docente é responsável pela busca e transmissão da informação.
   b. O desafio do docente é encontrar espaços novos de trabalho individual.
   c. O desafio do docente é compartilhar a informação de maneira efetiva para a aprendizagem.
   d. O desafio do docente é continuar a ser o detentor do conhecimento pronto e acabado.

2) A sociedade contemporânea exige que o professor redimensione seu lugar no processo educacional, agindo como mediador da aprendizagem. Nesse sentido, o ambiente de aprendizagem também deve ter características específicas. Sobre o ambiente de aprendizagem colaborativa, é correto afirmar:
   I. Está pautado em espaços educacionais dinâmicos e participativos.
   II. O professor deve valorizar e estimular os alunos, considerando suas contribuições nas atividades e no processo de ensino e aprendizagem.
   III. Está restrito ao uso da tecnologia de comunicação.
   IV. O ambiente colaborativo deve dificultar a intervenção pedagógica.

Agora, assinale a alternativa certa:
a. Somente as afirmativas I, II e IV estão corretas.
b. Somente as afirmativas I e II estão corretas.
c. Somente as afirmativas II e III estão corretas.
d. Somente as afirmativas III e IV estão corretas.

3) Segundo Behrens (1996), cabe ao docente repensar sua prática e seu papel de forma a atender às exigências do mundo moderno e buscar novas práticas pedagógicas. Sobre o perfil do professor, é correto afirmar:
I. Deve ser inovador e dinâmico.
II. Deve saber compartilhar a informação.
III. Deve ser centralizador.
IV. Deve ser criativo e reprodutor do conhecimento.

Agora, assinale a alternativa certa:
a. Somente as afirmativas I, III e IV estão corretas.
b. Somente as afirmativas I e II estão corretas.
c. Somente as afirmativas II e IV estão corretas.
d. Somente as afirmativas I, II e IV estão corretas.

4) A internet permite o fluxo de informações em tempo real. Considerando-se a internet um meio importante de comunicação, é correto afirmar:
I. Universidades e escolas estão utilizando a internet como meio de comunicação e recurso para ensino, tornando as aulas mais atrativas.
II. A internet tem redesenhado as formas pelas quais as pessoas interagem e acessam informações.
III. No Brasil, o número de usuários da internet aumentou e continua a aumentar.
IV. A internet facilita a comunicação e a interação, porém não é uma fonte para ampliar os conhecimentos.

Agora, assinale a alternativa certa:
a. Somente as afirmativas I e II estão corretas.
b. Somente as afirmativas I, II e III estão corretas.
c. Somente as afirmativas I, III e IV estão corretas.
d. Somente as afirmativas I e IV estão corretas.

5) Atualmente utilizamos as tecnologias da informação e comunicação (TICs) com muita intensidade e é comum ouvir frases como "a sociedade do século XXI está conectada". Como deve ser a postura da escola sobre as TICs?
I. Os educadores devem manter uma postura de resistência.
II. A escola deve adaptar-se a essas mudanças e aplicá-las a seu ambiente.
III. As TICs devem ser consideradas aliadas do processo de ensino e aprendizagem.
IV. A escola e os educadores devem ficar alheios às TICs.

Agora, assinale a alternativa certa:
a. Somente as afirmativas I e II estão corretas.
b. Somente as afirmativas II, e III estão corretas.
c. Somente as afirmativas I, III e IV estão corretas.
d. Somente as afirmativas I, II, III e IV estão corretas.

Atividades de aprendizagem

Questões para reflexão

1) Você consegue identificar as práticas baseadas em paradigmas inovadores? Escolha uma das abordagens (sistêmica, progressiva ou ensino com pesquisa) e exemplifique-a com uma prática pedagógica. Justifique o exemplo dado.

2) Leia o trecho a seguir, de autoria de Paulo Freire (1987, p. 54):

> *Em lugar de comunicar-se, o educador faz "comunicados" e depósitos que os educandos, meras incidências, recebem pacientemente, memorizam e repetem. Eis aí a concepção "bancária" da educação, em que a única margem de ação que se oferece aos educandos é a de receberem os depósitos, guardá-los e arquivá-los.*

Essas palavras trazem alguma lembrança de sua experiência como aluno(a)? Como os professores podem superar essa perspectiva e ter uma prática diferente da citada por Freire?

ATIVIDADE APLICADA: PRÁTICA

1) Neste capítulo, refletimos sobre as possibilidades que o ensino com pesquisa e a tecnologia proporcionam para a aprendizagem. Para confrontar a teoria com a prática, converse com no mínimo quatro professores da educação básica e questione-os sobre a escola em que atuam:

- Como a pesquisa é estimulada em sala da aula?
- De que forma a colaboração entre os alunos é proposta?
- Como a diversidade é vivenciada na escola?
- Como os alunos são incentivados a elaborar hipóteses?

Analise as respostas obtidas e reflita: os professores entrevistados estão promovendo uma educação construtiva ou reprodutivista?

3

Educação na sociedade do conhecimento

Como mencionamos anteriormente, a sociedade contemporânea, também chamada de *sociedade do conhecimento*, demanda reflexões e impõe desafios para os educadores. O ensino tradicional, no qual o professor é o detentor do saber, precisa ser substituído por um ensino no qual o aluno também possa interagir e construir o próprio conhecimento.

Neste capítulo, analisaremos as influências da sociedade do conhecimento na educação. Mostraremos que, no século XXI, é preciso ter um novo olhar no que se refere ao conhecimento e ao professor, que não pode ficar alheio às desigualdades sociais. Além disso, é necessário superar a visão fragmentada do processo de ensino e aprendizagem.

Assim, abordaremos as principais tendências para o ensino neste novo cenário educacional, no qual o desafio é a construção de propostas fundamentadas na correspondência entre a teoria e a prática, considerando-se os contextos social, político, econômico, histórico e cultural. É importante ter em mente também que as práticas pedagógicas inovadoras baseadas na gestão do conhecimento propõem que o indivíduo saiba utilizar a informação, buscando a transformação de sua realidade.

3.1
Economia do conhecimento

No decorrer deste estudo, refletimos sobre o perfil do professor na sociedade atual. Até este ponto, descrevemos um professor articulador de grandes projetos na busca pela construção de novos conhecimentos. "As mudanças na educação dependem, em primeiro lugar, de termos educadores maduros intelectual e emocionalmente, pessoas curiosas, entusiasmadas, abertas, que saibam motivar e dialogar" (Moran, 2015, p. 24). Contudo, é importante considerar também a realidade atual como um todo.

De acordo com Baker e Foote (2004, p. 89), "ensinar para a sociedade do conhecimento e ensinar para além dela não precisam ser incompatíveis". Segundo os autores, posições polarizadas no que diz respeito a essa questão trazem poucos benefícios aos jovens. Vejamos como se configura esse paradoxo no ensino.

Quadro 3.1 – Sociedade do conhecimento

Ensinar apenas para a sociedade do conhecimento	Ensinar para além da sociedade do conhecimento
"Prepara os alunos e as sociedades para a prosperidade econômica, mas limita as relações das pessoas àquelas instrumentais e econômicas, [...] canaliza as paixões e os desejos das pessoas para a terapia varejista das compras e do entretenimento e para longe das interações umas com as outras."	"Cultiva a atitude de cuidado e solidariedade, desenvolve caráter e constrói identidade cosmopolita, mas, se as pessoas estão despreparadas para a economia do conhecimento, serão excluídas dela."

Fonte: Elaborado com base em Baker; Foote, 2004, p. 89.

O desafio para os professores atualmente é unir essas duas missões, de ensinar para a sociedade do conhecimento e para além dela, desafio este que envolve mais do que metodologias.

> *Uma educação inovadora se apoia em um conjunto de propostas com alguns grandes eixos que lhe servem de guia e de base: o conhecimento integrador e inovador; o desenvolvimento da autoestima e do autoconhecimento (valorização de todos); a formação de alunos empreendedores (criativos, com iniciativa) e a construção de alunos-cidadãos (com valores individuais e sociais).* (Moran, 2015, p. 12)

Autores como o futurista Alvin Toffler – que previu a reação da sociedade aos avanços da tecnologia e da comunicação – lembram que a nova economia requer que as pessoas desenvolvam novas habilidades. Por exemplo, na passagem da era analógica para a digital, ou do físico para o virtual – como no caso dos jornais impressos –, os indivíduos foram obrigados a desempenhar novas funções e a impor sua criatividade. Toffler (1980) acreditava que, no futuro, haveria grandes mudanças na economia associadas a mudanças na tecnologia, na energia, na família, nos sistemas de informação, nas instituições comerciais, em nossa própria visão de mundo.

Conforme Oliveira e Villardi (2005), a sociedade contemporânea nos leva a refletir e a rever o papel e as práticas do professor, que deve adaptar-se às novas tendências e assumir a função de mediador do conhecimento. Vamos explorar esse tema nos próximos capítulos.

Neste novo contexto, em que ser dinâmico é fundamental, o conhecimento se tornou matéria-prima. Segundo Simião e Reali (2002, p. 128), "nesta nova sociedade, as transformações e inovações são disseminadas muito rapidamente e, para viver nela, as pessoas devem estar atentas e sensíveis às transformações que ocorrem e ser capazes de aprender e rever suas ideias e ações".

Na sociedade do conhecimento, há um novo olhar sobre as ciências e suas possibilidades, em que não se permite a fragmentação; entende-se que o homem é formado por corpo e mente, ou seja, o cérebro ganha espaço, as operações cognitivas são valorizadas. Considerando-se o que já abordamos até aqui, você pode relacionar essa característica da sociedade com a concepção sistêmica de educação.

Além disso, é necessário também estimular o compartilhamento do conhecimento tácito de cada professor, tendo em vista que esse compartilhamento é o objetivo de um verdadeiro processo de gestão do conhecimento.

3.2
Educação obrigatória

A expectativa da sociedade em relação às escolas e à educação formal é grande, mas há pouca concordância no que diz respeito a seus objetivos e aos métodos apropriados para atingi-los. A escola formal é responsabilizada pela formação do potencial humano, pela viabilização da democracia, pela manutenção de uma economia competitiva, pelo desenvolvimento, pela diminuição das diferenças entre os povos, entre outras demandas urgentes da sociedade.

Quando a escola não consegue atingir os resultados que esperam dela, logo surgem explicações para tal fato: os salários dos professores deveriam ser melhores e as condições de trabalho, mais adequadas; faltam computadores ou falta estrutura; há quem culpe os alunos e os pais, o modelo de ensino, o sindicato dos professores e a sociedade de modo geral.

Antes de prosseguir na análise sobre a educação formal ou obrigatória, é importante fazer uma reflexão sobre as diferenças entre ensino e educação.

Quadro 3.2 – Conceitos de *ensino* e *educação*

Ensino	Educação
Tem a função de ajudar os alunos a compreender áreas específicas do conhecimento – como física, história e matemática.	Além de ensinar, o objetivo é promover a integração do ensino com a vida, do conhecimento com a ética, da reflexão com a ação. A educação ajuda o indivíduo a integrar todas as facetas da vida e a encontrar um caminho intelectual, emocional e profissional que o leve a se autorrealizar e a contribuir para mudanças sociais.

Fonte: Elaborado com base em Moran, 2015.

A educação, portanto, envolve um sistema de formação e é por isso que ela contribui para a construção do conhecimento e para o desenvolvimento. A ideologia do discurso que relaciona educação e desenvolvimento se dá com base no entendimento neoliberalista, segundo o qual priorizar o sistema educacional geraria oportunidades de ascensão social e garantiria oportunidades iguais. No entanto, Nóvoa (1998) alerta que, assim como boas escolas são necessárias para grandes nações, cabe observar também as políticas, a economia, a justiça, a saúde e outros setores de uma sociedade.

Dois fatores primordiais são alvos de questionamentos e discussões: o papel da escola na formação para a vida e na emancipação do sujeito e os processos educacionais excludentes, pautados na melhoria das estatísticas e na promoção de uma formação politécnica.

A educação aplicada nas escolas pode ser definida como formal, pois visa ao desenvolvimento intelectual do indivíduo (Oliveira, 2009). Assim, ao buscar a educação formal, o indivíduo procura ampliar seu conhecimento acadêmico, bem como compreender o mundo que o rodeia e suas relações. Tal busca se dá pelo fato de que a sociedade do conhecimento tem cobrado maior qualificação profissional – isso, em contrapartida, proporciona melhor qualidade de vida para aqueles que recebem essa cobrança.

Nesse sentido, é válida a reflexão sobre como a educação é necessária para o desenvolvimento de uma sociedade e de um território. A relação entre educação e desenvolvimento territorial pode ser discutida com base na observação das políticas públicas destinadas à primeira. Essas políticas articulam a redução da pobreza e a oferta de oportunidade às populações, refletindo na produção de riquezas.

Ao ser considerada necessária e obrigatória para a prosperidade de um país ou de um território, a educação é culpabilizada por uma crise que é da estrutura social e convocada a responder ativamente para viabilizar a saída dessa crise, atendendo às demandas do mercado. No decorrer da história do Brasil, os objetivos educacionais foram sendo redefinidos e adaptados aos modos de produção e organização do trabalho e da vida.

3.2.1 Educação e desenvolvimento

O cenário econômico e político exerce forte influência sobre o modo como a gestão governamental conduz o processo de desenvolvimento dos territórios. Um maior nível educacional reflete na saúde, na produtividade, na redução das desigualdades e na distribuição de rendimentos de uma sociedade.

Portanto, como destacamos até aqui, a educação é vista como uma forma de promover o desenvolvimento, como possibilidade de aumentar a produtividade da mão de obra, o capital humano ou ainda de conduzir a sociedade a uma condição de igualdade. Para o economista Theodore W. Schultz (1973), quanto maior o nível educacional de um país, mais aumentam seu desenvolvimento e, consequentemente, suas riquezas materiais.

Buscando adequar-se às necessidades da nova sociedade, a educação brasileira, a partir da década de 1990, passou por reformas do ensino básico e por reformas curriculares com o objetivo de atender às exigências de organismos internacionais e de ter acesso a financiamentos externos.

Hoje, no Brasil e em outros países em desenvolvimento, a influência dos organismos multilaterais na educação se efetiva mediante a atuação da Organização das Nações Unidas para a Educação, a Ciência e a Cultura (Unesco), que tem como objetivo principal a luta pela diminuição do analfabetismo e de problemas educacionais graves. Além disso, suas ações estão relacionadas a questões sociais e culturais.

Atuante em diversos campos nas sociedades em que se faz presente, a Unesco se envolve no campo educacional com vistas a promover o acesso à educação de qualidade para todos, em todos os níveis e modalidades, por meio de apoio técnico e institucional ao governo, buscando sempre o desenvolvimento social e econômico.

A relação entre educação e desenvolvimento pode ser entendida tomando-se como base as políticas preconizadas pelas instituições mundiais. No Brasil, essa relação é traduzida no Plano Nacional de Educação (PNE), que estabelece as estratégias das políticas de educação a cada dez anos e reforça o compromisso de aumentar os níveis escolares.

O desenvolvimento deve ser entendido para além do aspecto econômico, considerando-se as demais dimensões que determinam a vida humana, como aspectos culturais, de relações solidárias, de gestão participativa e de políticas públicas.

Assim, a gestão do conhecimento pode contribuir para a integração de diferentes grupos em um esforço conjunto na busca por melhorias inovadoras e viáveis para a educação, proporcionando um desenvolvimento territorial (humano e econômico) sustentável, ou seja, que permita a erradicação da pobreza e da fome, a redução da mortalidade infantil e o combate a doenças, promovendo a educação universal.

3.3
Gestão do conhecimento

A sociedade contemporânea tem como base de sua economia a produção, o compartilhamento e o uso do conhecimento, distinguindo-se da sociedade tradicional, cuja economia tinha como base o capital e o trabalho.

As novas tendências da sociedade do conhecimento estão voltadas para o desenvolvimento tecnológico, a customização de produtos e serviços, a globalização do mercado, a sustentabilidade ambiental, entre outras características que convergem para a valorização cada vez maior do conhecimento como ativo intangível. Para gerenciar todo esse conhecimento, é importante recorrer às estratégias da gestão do conhecimento, que envolvem: flexibilidade, aprendizado, novas habilidades, compartilhamento de ideias e estabelecimento de fluxos que auxiliam na solução de problemas e na tomada de decisão.

Nesse novo contexto, os países não competem apenas na produção de bens e serviços, mas também na produção de capital intelectual. As práticas pedagógicas aliadas à tecnologia são essenciais para que a educação atenda a essa demanda competitiva e contribua para o desenvolvimento da economia.

3.3.1 Modelos de gestão

No livro *A terceira onda*, Toffler (1980) enumera as três principais transformações – Revolução Agrícola (primeira onda), Revolução Industrial (segunda onda) e Revolução da Informação (terceira onda) – que provocaram mudanças nos processos produtivos e na organização da sociedade, além de contribuírem para a valorização do conhecimento. Assim, no processo de transição da onda industrial para a onda da informação, para que a escola acompanhe a transformação da sociedade, é necessário pensar também em mudanças nas práticas pedagógicas.

Figura 3.1 – Evolução dos modelos de gestão

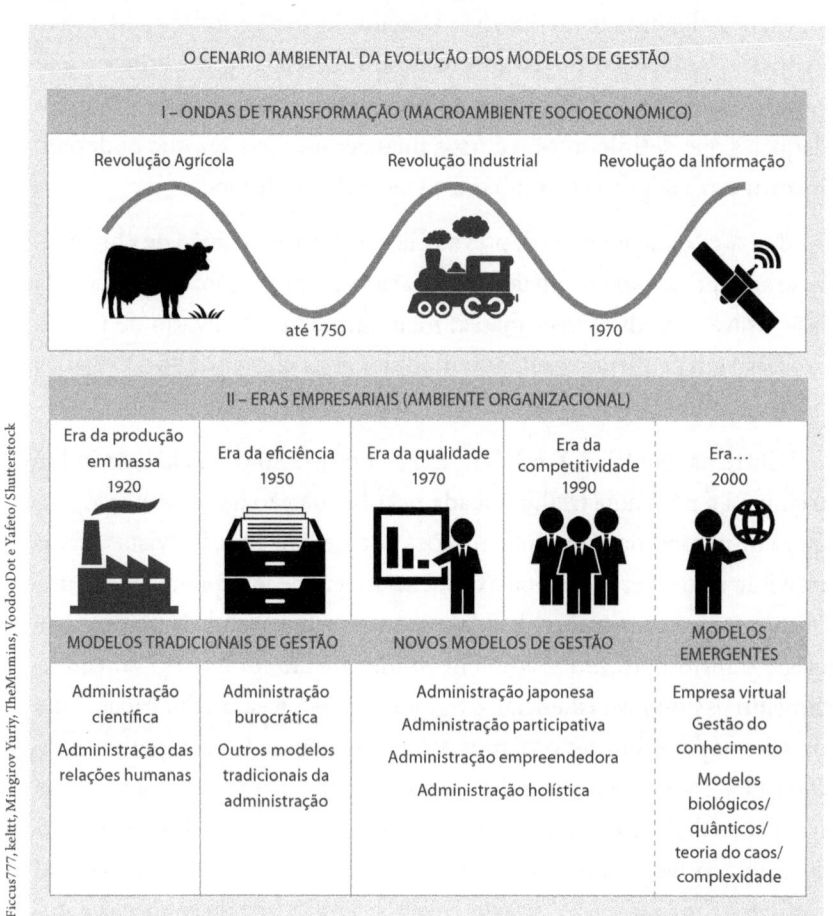

O CENARIO AMBIENTAL DA EVOLUÇÃO DOS MODELOS DE GESTÃO			
I – ONDAS DE TRANSFORMAÇÃO (MACROAMBIENTE SOCIOECONÔMICO)			
Revolução Agrícola	Revolução Industrial	Revolução da Informação	
até 1750	1970		
II – ERAS EMPRESARIAIS (AMBIENTE ORGANIZACIONAL)			
Era da produção em massa 1920	Era da eficiência 1950	Era da qualidade 1970	Era da competitividade 1990	Era... 2000
MODELOS TRADICIONAIS DE GESTÃO		NOVOS MODELOS DE GESTÃO	MODELOS EMERGENTES
Administração científica Administração das relações humanas	Administração burocrática Outros modelos tradicionais da administração	Administração japonesa Administração participativa Administração empreendedora Administração holística	Empresa virtual Gestão do conhecimento Modelos biológicos/ quânticos/ teoria do caos/ complexidade

Fonte: Adaptado de Santos et al., 2001.

O cenário histórico proporcionou mudanças nos modelos da sociedade e, consequentemente, nos modelos de gestão. Na Revolução Agrícola, o ser humano descobriu o potencial da agricultura e passou a explorar a terra como meio de subsistência. No período, a sociedade utilizou-se da força animal para o transporte e o preparo da terra para plantio. Os detentores de terra dominavam a comunicação escrita e o poder.

A Revolução Industrial foi marcada por grandes avanços em diversas áreas, principalmente no sistema de produção. No período, dividido em Primeira, Segunda e Terceira Revolução Industrial, as máquinas começaram a substituir a força física. O poder estava concentrado nas mãos daqueles que detinham os recursos financeiros, uma vez que poderiam investir em máquinas e ampliar o sistema de produção.

Na sociedade industrial, prevalecia a utilização da mão de obra com base nos princípios fordistas do processo de produção; tudo naquela fase visava à produção em massa, manufaturada. "A divisão de todo o processo em pequenas tarefas ou módulos era a chave para o sucesso na Sociedade Industrial" (Takeuchi; Nonaka, 2004, p. 19).

Entre os séculos XX e XXI, houve a transição da sociedade industrial para a pós-industrial, marcada pela Revolução da Informação, em que a disponibilidade das informações por meio de livros, revistas, rádio, televisão e internet aumentou exponencialmente – interpretar essas informações de forma contextualizada e encontrar uma utilidade prática para elas é transformar informação em conhecimento. O recurso do conhecimento passou a ser essencial, exigindo das empresas maior capacidade de adequação e inovação diante das novas demandas competitivas de mercado. Esse movimento deu forma a uma nova economia e a uma nova sociedade. De acordo com Hargreaves (2005, p. 30), "em 1976, o sociólogo norte-americano Daniel Bell previu esta nova era social e utilizou uma expressão para descrevê-la: a sociedade do conhecimento".

> *A* sociedade do conhecimento *é uma sociedade em mudança, na qual a informação se amplia com rapidez e circula permanentemente pelo globo; o dinheiro e o capital fluem numa busca incansável e incessante de novas oportunidades de investimento; as organizações se reestruturam o tempo todo; políticas governamentais passam por mudanças voláteis à medida que os eleitorados se tornam mais e mais caprichosos e a migração multicultural reconstrói permanentemente as comunidades nas quais vivemos.* (Hargreaves, 2005, p. 43)

Portanto, as escolas estão inseridas em uma sociedade que vive mudanças frequentes e instabilidade social constante. Esse novo modelo de sociedade não permite que alunos e professores sejam passivos. Conforme Thurler (2002), a sociedade contemporânea obriga os professores a viver em contextos profissionais totalmente novos e a assumir desafios intelectuais e emocionais diferentes do contexto escolar no qual aprenderam seu ofício.

3.3.2 Estratégias de gestão do conhecimento na prática pedagógica

Compreendemos que a aprendizagem funciona como um processo dinâmico, em que o conhecimento é ativo e resulta da experiência. A gestão do conhecimento depende do desenvolvimento de processos que eliminem o caráter estático do saber para que o compartilhamento e disseminação deste possam impulsionar novas competências. Nesse contexto, não há espaço para repetição e memorização; na sociedade do conhecimento, a inovação e as novas habilidades são determinantes para o sucesso.

É grande o desafio das práticas pedagógicas que buscam o exercício da mente e não o desenvolvimento da repetição para simples memorização das informações. Analisando-se as características da gestão do conhecimento, é possível entender o professor como agente ativo nesse processo, em que alguns elementos são primordiais, como apontam Mizukami e Reali (2002, p. 106):

- Conhecimento dos conteúdos das disciplinas: esse item é básico para que o professor possa ser mediador entre os saberes historicamente produzidos e o estudo científico.
- Conhecimento pedagógico real: compõe os processos de ensino e aprendizagem, como procedimentos didáticos, motivação e teorias de desenvolvimento.
- Conhecimento curricular: refere-se ao conhecimento curricular das disciplinas, assim como da organização e da estruturação dos conhecimentos escolares.
- Conhecimento dos fins e metas da educação: refere-se aos contextos educacionais e às políticas públicas.
- Conhecimento dos alunos: envolve os processos de aprendizagem em suas diversas dimensões – cognitiva, emocional, motora e interacional.

Esse entendimento do perfil de um professor reflexivo, de modo a formar alunos igualmente reflexivos e não meros repetidores de informações, configura-se em um paradigma da racionalidade prática, contrapondo-se ao paradigma da racionalidade técnica, que supõe uma relação mecânica e linear entre o conhecimento científico e técnico e a prática pedagógica. "A formação não se constrói por acumulação, seja de cursos, de conhecimentos ou de técnicas, mas sim através de um trabalho de reflexividade crítica sobre as práticas de (re)construção permanente de uma identidade pessoal" (Nóvoa, 1995, p. 25).

Reconhecendo a necessidade da reflexão na ação e sobre a ação, proposta por Schön (1992), Mizukami (2002) ressalta que os cursos de formação inicial deveriam possibilitar reflexões sobre as teorias pessoais que os futuros professores trazem ao ingressarem nesses cursos e mediar o desenvolvimento do processo de construção de conhecimentos profissionais e de raciocínio pedagógico que fundamentarão a prática profissional.

A gestão do conhecimento também pode auxiliar na efetivação de novas práticas pedagógicas por meio de ferramentas tecnológicas que possibilitem maior envolvimento da família no processo de ensino e aprendizagem, conforme sugere Hargreaves (2005). É possível desenvolver boletins interativos, compartilhar instantaneamente com os pais os dados de desempenho do aluno e da escola, estabelecer tarefas de casa compartilhadas e oferecer aos pais oficinas sobre mudanças associadas ao currículo e ao processo de ensino e aprendizagem.

Nesse contexto, o desafio da gestão do conhecimento aliada às novas práticas pedagógicas está em reinventar a escola como local de trabalho e o próprio trabalho docente. Todos os atores da educação (alunos, professores, gestores, família e comunidade) são responsáveis pelo desenvolvimento da sociedade, devendo-se superar os processos de exclusão e transformar as escolas em comunidades de aprendizagem.

A necessidade de crescimento das organizações, o resgate do saber, a ênfase nos recursos cognitivos são características das novas atividades humanas no desenvolvimento da sociedade do conhecimento. Nesse cenário, a gestão do conhecimento busca romper com o tecnocentrismo, em um processo no qual se fazem necessários estudos sobre a importância de considerar as pessoas, os comportamentos e os métodos de trabalho.

Para que a prática pedagógica alcance a produção do conhecimento, é preciso assumir uma visão sistêmica e holística do homem. Essa forma de considerar o homem também é adotada na gestão do conhecimento, entendendo-se que gestores ou professores devem aprender o novo e desaprender práticas pedagógicas ligadas a um ensino fragmentado, desconexo e simplista. O desafio é aceitar novos conceitos e explorar oportunidades de maneira flexível.

3.4
Rumo às mudanças: escolas atendem às demandas da sociedade

As práticas pedagógicas inovadoras buscam romper com as práticas pedagógicas reprodutivistas. Christensen, Horn e Johnson (2009) afirmam que, embora se trate de um processo recente que data das últimas três décadas, é cada vez mais reconhecido o fato de que as pessoas aprendem de maneiras diferentes, conclusão advinda de pesquisas e estudos propostos por psicólogos e neurocientistas para compreender as sinapses cerebrais e seus estímulos. No entanto, "ainda que exista certeza de que as pessoas aprendem de maneira diferente, persiste uma considerável incerteza sobre quais são essas diferenças" (Christensen; Horn; Johnson, 2009, p. 38).

Compreender que as pessoas são diferentes e que aprendem de modos distintos é necessário para que a inteligência não seja resumida ao indicador de quociente de inteligência (QI). A palavra *inteligência* pode ser usada para indicar competência, habilidade, saber. O psicólogo Howard Gardner é pioneiro nas pesquisas sobre inteligências múltiplas e, na década de 1980, lançou sua teoria nessa área. Conforme Christensen, Horn e Johnson (2009), essa teoria mostra como as pessoas podem ter forças diferentes e como a experiência do aprendizado pode ser adaptada a essas diferenças. Abordaremos em mais detalhes os estudos de Gardner logo a seguir.

As práticas pedagógicas inovadoras exigem critérios, postura crítica, orientação e interação criativa no tratamento, recebimento e processamento da informação. O ensino não pode limitar-se a transferir determinados conhecimentos: é preciso desenvolver o pensamento do aluno, sua capacidade de analisar e generalizar fenômenos da realidade, de raciocinar, desenvolver no todo suas faculdades mentais. "Todo processo de aprendizagem é uma fonte de desenvolvimento que ativa numerosos processos, que não poderiam desenvolver-se por si mesmos sem a aprendizagem" (Vygotsky, 2005, p. 15).

Atualmente, um mar de informações encontra-se ao alcance da sociedade de modo simples e rápido, enquanto nas escolas impera uma metodologia tradicional de transmissão de conhecimento aos alunos, exatamente como temia Paulo Freire ao se referir à concepção bancária de educação.

Como já afirmamos, para se adaptarem às novas demandas da sociedade, que busca inovação, desenvolvimento e qualidade de vida, as organizações escolares precisam ir além da mera transmissão e repetição de conteúdos; é premente construir o conhecimento de modo colaborativo, aproveitando ao máximo as potencialidades dos alunos.

Para promover um conhecimento que torne o cidadão ativo, com todos os atributos anteriormente mencionados, faz-se necessário considerar o aluno como um ser único, com necessidades de aprendizagem individuais. Na década de 1980, o psicólogo Howard Gardner liderou uma equipe de pesquisadores que se empenharam em descortinar um conceito mais específico para inteligência, tendo em vista que a medição feita pelos testes de QI até então era muito limitada e precisava ir além, em um esforço para descrever a gama de habilidades cognitivas humanas. Gardner (1999, p. 83) salienta ainda que todos os seres humanos possuem, pelo menos, oito formas nitidamente separadas de inteligência, e cada uma delas reflete o potencial "para solucionar problemas ou criar produtos que sejam valorizados em um ou mais contextos culturais".

As oito inteligências de Gardner são assim descritas pelos autores Christensen, Horn e Johnson (2009, p. 40) na obra *Inovação na sala de aula*:

- *Linguística: a capacidade de pensar em palavras e de usar a linguagem para dar expressão a significados complexos [...].*
- *Lógico-matemática: a capacidade de calcular, quantificar e elaborar proposições e hipóteses e realizar complexas operações matemáticas [...].*

- *Espacial: a capacidade de pensar em formas tridimensionais, de perceber imagens externas e internas, de recriar, transformar ou modificar imagens, de transportar a si mesmo e a objetos pelo espaço, de produzir ou decodificar informação gráfica [...].*
- *Corporal-cinestésica: a capacidade de manipular objetos e de refinar habilidades físicas [...].*
- *Musical: a capacidade de distinguir e criar movimento, melodia, ritmo e tom [...].*
- *Interpessoal: a capacidade de entender e interagir efetivamente com os outros [...].*
- *Intrapessoal: a capacidade de construir uma autopercepção refinada e de usar este conhecimento no planejamento e terminação da própria vida [...].*
- *Naturalista: a capacidade de observar padrões da natureza, identificar e classificar objetos e entender sistemas naturais e sistemas produzidos pelo homem [...].*

As mudanças na educação são progressivas e irreversíveis. Os estudos da psicologia e da biologia permitem a compreensão de como acontece a aprendizagem e despertam a atenção para as necessidades individuais dos alunos, cujos interesses pessoais passam a fazer parte dos conteúdos escolares, aproximando-se o processo de ensino de sua realidade.

Para atender ao novo paradigma da sociedade, o profissional precisa ser crítico, criativo, inovador, dinâmico, saber trabalhar em grupo, compartilhar a informação e ainda conhecer seu potencial cognitivo, além de desenvolver habilidades afetivas e sociais.

Parecem muitas habilidades para um único ser humano? Sobre esse tema, Simião e Reali (2002) afirmam que a educação deve não somente adaptar-se às novas necessidades da sociedade do conhecimento, mas também assumir seu papel nesse processo. Nesse contexto, cabe considerar o que recomenda Suhr (2012, p. 70):

> *as instituições de ensino superior precisam realizar um trabalho pedagógico que favoreça o desenvolvimento das habilidades de pensar criticamente o mundo [...].*

A capacidade de pensamento autônomo, de elaboração coletiva e individual de projetos, materiais e propostas deve ser incentivada, já que a aquisição ativa e reflexiva do conhecimento é essencial.

Ainda de acordo com a autora, as mudanças são necessárias e por isso é importante que ocorram em todos os elementos do processo de ensino e aprendizagem.

As escolas da sociedade do conhecimento precisam priorizar a qualidade e estimular a criatividade. As novas ferramentas tecnológicas têm potencial para promover essa qualidade na educação e também o acesso a cursos de formação, uma vez que os recursos digitais têm o poder de aproximar a escola do universo do aluno.

3.5
Tendências para o ensino na sociedade do conhecimento

Pensar a representatividade da educação considerando-se a transformação nos vários níveis de escolaridade é também refletir sobre suas consequências para as transformações sociais. A sociedade do conhecimento é diferente de todas as anteriores, com características de compartilhamento de recursos, interação livre de espaço e tempo, valorização das tecnologias de informação e comunicação (TICs) e disseminação da informação. Levando-se em conta a construção coletiva do conhecimento, a educação nessa sociedade é tomada como um bem comum.

Por isso, no que se refere às tendências para o ensino na sociedade do conhecimento, o paradigma emergente não comporta um único método ou uma única abordagem pedagógica, pois a uma visão de sociedade complexa corresponde a concepção de uma estrutura de relações complexas.

Confira algumas tendências educacionais que rompem com o ensino tradicional no Quadro 3.3.

Quadro 3.3 – Tendências da educação

Sala de aula invertida (*flipped classroom*)	"Trata-se de reverter o fluxo tradicional de uma aula para que os alunos estudem o conteúdo ou façam a lição de casa antes de chegar à escola."
Aprendizagem baseada em problemas (ABP)	"A essência dessa tendência é estender o aprendizado para além do referencial teórico, motivando os alunos a aprender determinado conteúdo na prática, por meio de projetos ou estudos de casos."
Gamificação	"Essa metodologia utiliza jogos de aprendizagem para que os alunos aprendam quase sem perceber, de forma natural."
Aprendizagem móvel (*mobile learning*)	"Os celulares cada vez mais contribuem para a expansão do conhecimento e da educação já que possibilitam o amplo acesso de informações e conteúdos a qualquer momento, de qualquer lugar."
BYOD (traga seu próprio dispositivo)	"É uma derivação do *mobile learning*, [...] se refere ao fato de o uso dos dispositivos móveis ser incentivado em sala de aula.".
MOOCs (curso *on-line* aberto e massivo)	"Essa tendência educacional permite a qualquer pessoa ter acesso à educação de qualidade, independentemente de sua situação geográfica e econômica."
Blended learning	"Esse método se baseia na combinação de aulas presenciais com aulas *on-line*."

Fonte: Elaborado com base em 7 Tendências..., 2015.

Na sequência, apresentaremos algumas sugestões de recursos digitais que podem ser úteis na prática pedagógica. Destacamos, no entanto, que é necessário tomar cuidado para não transformar o uso dos recursos disponíveis em uma versão digital das práticas pedagógicas tradicionais.

3.5.1 Tecnologias móveis

As tecnologias móveis são aliadas importantes de docentes e alunos. Você já deve ter percebido o quanto a telefonia móvel ganhou espaço nos últimos anos. A necessidade de comunicação em menor tempo e em espaços diversos é uma característica da sociedade pós-industrial.

> *No modelo tradicional de mediação pedagógica, o professor é o mediador e os alunos, mediados em seu processo de aprendizagem. Entretanto, se considerarmos as características e as possibilidades do* m-learning *e do* u-lerning, *que podem*

integrar diferentes contextos de aprendizagem, contemplando a construção de conhecimentos tanto por meio de redes de interação quanto individualmente, identificamos que são necessárias novas formas de compreender a mediação pedagógica. (Saccol; Schlemmer; Barbosa, 2011, p. 78)

Alguns termos são bastantes utilizados no contexto das tecnologias educacionais, como *m-learning*, *e-learning* e *u-learning*. Vejamos o que significa cada um deles.

Quadro 3.4 – *M-learning, e-learning* e *u-learning*

m-learning	Aprendizagem ou ensino móvel (*mobile learning*): acontece quando a interação entre os participantes acontece por meio de dispositivos móveis, tais como celulares, *laptops*, rádio e televisão. O sucesso do *m-learning* se deve à construção de materiais atrativos e de fácil utilização pelo aluno.
e-learning	Aprendizagem ou ensino eletrônico (*electronic learning*): acontece por meio de comunicação síncrona ou assíncrona em ambiente *on-line*, ou seja, utiliza a internet para a comunicação.
u-learning	Aprendizagem ubíqua (*ubiquitous learning*), isto é, que está presente em todo lugar: acontece por meio dos dispositivos móveis e sem fio. Oferece a possibilidade de acessar e trocar informações em qualquer lugar.

São várias, portanto, as tecnologias que podem ser utilizadas pelos docentes. O que influencia a escolha dessas tecnologias é a consciência de que, quanto maiores forem a facilidade de uso e a interatividade com o material, maior será a possibilidade de sucesso.

No Quadro 3.5 constam algumas possibilidades de uso da tecnologia para promover a aprendizagem. Destacamos que o docente precisa ter claros o objetivo e o planejamento de sua aula ao propor o uso de uma dessas ferramentas.

Quadro 3.5 – Tecnologia e conhecimento

Captura de informações	Webcam, máquina fotográfica digital, gravador de áudio, vídeo, microfone, entre outros que permitem ao sujeito capturar informações em situação de mobilidade.
Busca e armazenamento de informações	Repositórios de arquivos, bibliotecas de *links*, de figuras, de imagens, de sons, de referências e textos, de objetos de aprendizagem e teleconferências, os quais são facilitados também pela mobilidade.
Compartilhamento de conhecimentos, ideias e experiências	Possibilidades que exigem um nível maior de interação, fóruns, *chats*, listas de discussão, videoconferências, diários de bordo problematizados, que podem estar presentes em um ambiente virtual de aprendizagem.
Construção colaborativa e cooperativa	Possibilidades que exigem elevado nível de interação, como *softwares* para apoiar o desenvolvimento de projetos, a resolução de casos, desafios e problemas, comunidades virtuais de aprendizagem e de prática. Ainda existem ferramentas para construção e manipulação de mapas mentais e mapas conceituais, que constituem uma ótima opção para auxiliar o sujeito na organização de seu pensamento, de sua aprendizagem e de seu conhecimento.

Fonte: Elaborado com base em Saccol; Schlemmer; Barbosa, 2011, p. 11-12.

As tecnologias móveis, especialmente as tecnologias de comunicação, que chegam às mãos de alunos e docentes têm potencial para a educação inovadora. Porém, em algumas situações, seu uso pode se transformar em um grande desafio – por exemplo, o uso de celulares em sala de aula. Os modelos tradicionais de ensino ainda são muito sedimentados; a proposta de uma educação inovadora é complexa e requer mudanças.

> *Não há dúvida de que o mundo digital afeta todos os setores, as formas de produzir, de vender, de comunicar-se e de aprender. Tudo o que for previsível será cada vez mais realizado por aplicativos, programas, robôs. Nosso papel fundamental na educação escolar é de ser mediadores interessantes, competentes e confiáveis entre o que a instituição propõe em cada etapa e o que os alunos esperam, desejam e realizam.* (Moran; Masetto; Behrens, 2015, p. 11)

Aprender também implica desaprender. Algumas vezes é preciso desfazer algumas certezas para inovar também por meio do uso das redes sociais, que podem auxiliar no desenvolvimento de atividades e no trabalho com conteúdos curriculares.

3.5.2 Objetos de aprendizagem

Objetos de aprendizagem (OAs) são recursos digitais – textos, imagens, simulações e jogos – que contribuem para a aprendizagem, como nos casos de uma animação demonstrando um processo de química e de um vídeo sobre um contexto geográfico ou histórico.

> *Com os OA, os projetistas instrucionais podem desenvolver pequenos pedaços de informação, que contém significado completo em relação a uma área de conhecimento específica. Levando isso em consideração, eles podem ser reutilizados extensivamente, dentro ou fora da área para a qual foram desenvolvidos e, assim, favorecem a interdisciplinaridade e rompem com a compartimentalização dos conteúdos, um dos pontos indesejáveis do currículo seriado.* (Munhoz, 2013, p. 81-82)

Portanto, os OAs vão além da interação que a tecnologia proporciona – são recursos importantes para romper a fragmentação do ensino. Behrens (2009) afirma que o paradigma emergente tem por base uma visão ampla e geral, de modo a possibilitar uma ciência não mais fragmentada, mas interligada aos sistemas que integram a vida em sociedade e o próprio planeta.

Que tal conhecer exemplos de OAs? Acesse os *links* a seguir.

KHAN ACADEMY. Anatomia de um neurônio. Disponível em: <https://pt.khanacademy.org/science/biology/human-biology/neuron-nervous-system/v/anatomy-of-a-neuron>. Acesso em: 19 abr. 2018.

GABRIEL, W. de Q. Idade Média, crise do feudalismo, Renascimento e Reforma Protestante. 18 abr. 2013. Descomplica. Disponível em: <https://www.youtube.com/watch?v=xIBgWmZH_E4&list=PLgIWHtlPYF821CImesmuWfSt_6nWWCgKo>. Acesso em: 19 abr. 2018.

EVANS, D. Frações de fruta. Episódio 2: Adição. 2012. Disponível em: <https://www.youtube.com/watch?v=UL1f-MsQzxc>. Acesso em: 19 abr. 2018.

O que você achou dos vídeos? Na sua opinião, são pedagógicos e possibilitam o aprendizado? Se você respondeu que sim, experimente usar recursos como esses para complementar seus estudos. Existem recursos disponíveis sobre diversos temas, basta pesquisar. Além disso, você também pode construir seus próprios OAs.

3.5.3 Tendências e recursos virtuais

O relatório *Horizon Report: 2016 K-12 Edition*, fruto de pesquisa realizada pelo New Media Consortium (NMC) em parceria com o Consortium for School Networking (CoSN), apresenta algumas previsões sobre as tendências tecnológicas para a educação nos próximos cinco anos. Observe a imagem e reflita sobre a realidade da nossa educação.

Figura 3.2 – Tendências para a educação

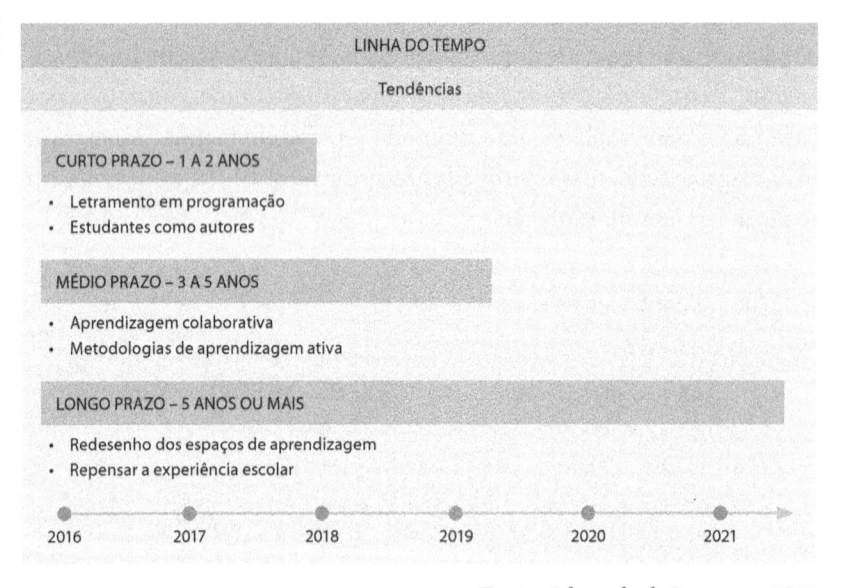

LINHA DO TEMPO
Tendências

CURTO PRAZO – 1 A 2 ANOS
- Letramento em programação
- Estudantes como autores

MÉDIO PRAZO – 3 A 5 ANOS
- Aprendizagem colaborativa
- Metodologias de aprendizagem ativa

LONGO PRAZO – 5 ANOS OU MAIS
- Redesenho dos espaços de aprendizagem
- Repensar a experiência escolar

2016 2017 2018 2019 2020 2021

Fonte: Adaptado de Leporace, 2017.

A tendência em longo prazo indicada pelo relatório não está distante. Já existem instituições que aplicam essas novas práticas de ensino, o que tem se consolidado pelas tecnologias interativas.

Uma forte tendência são os ambientes virtuais tridimensionais. Como explica Tori (2009, p. 127), "O ser humano consegue orientar-se, interagir e aprender com mais facilidade em ambientes que mimetizam o mundo real do que em ambientes virtuais baseados em menus, ícones e comandos". Ainda segundo o autor, a realidade aumentada vai possibilitar um ambiente real com elementos virtuais mais enriquecedor, que poderá envolver de projeções simplificadas até projetos mais elaborados e projeções virtuais em 3D.

Segundo Christensen, Horn e Johnson (2009), o foco do trabalho docente atual é um processo de ensino e aprendizagem centrado no aluno, por isso as tecnologias voltadas à educação são ferramentas importantes, pois viabilizam um ensino de qualidade e eficaz, caracterizado pela dinamicidade, pela participação e pela flexibilidade.

A inovação tecnológica contribui para alavancar a aprendizagem em diversos aspectos. Recursos físicos tradicionais foram substituídos por recursos *on-line* e eletrônicos, em que o usuário é o avaliador da relevância da informação acessada, praticamente em tempo real, e o produtor da informação. Moran (2013, p. 9) resume o que a tecnologia proporciona ao indivíduo na qualidade de cidadão:

> *O mundo físico e o virtual não se opõem, mas se complementam, integram, combinam numa interação cada vez maior, contínua, inseparável. Ter acesso contínuo ao digital é um novo direito de cidadania plena. Os não conectados perdem uma dimensão cidadã fundamental para sua inserção no mundo profissional, nos serviços, na interação com os demais.*

Com a chegada da era da informação e do conhecimento, que na contemporaneidade molda os indivíduos, não faria sentido ignorar a tecnologia na construção de mecanismos de aproximação entre as pessoas e o conhecimento, certo? Vejamos, então, alguns recursos virtuais que são tendência na educação.

Quadro 3.6 – Recursos virtuais

Biblioteca virtual	O desafio das bibliotecas virtuais é fazer com que os recursos disponíveis sejam otimizados para atender às exigências de usuários cada vez mais sedentos pela agilidade e efetividade nas buscas de documentos bibliográficos, inclusive pela obtenção de arquivos das obras na íntegra e de maneira rápida, em tempo real.
Museu virtual	A preocupação com a digitalização e a disseminação da informação e do conhecimento se aplica também aos museus virtuais, que contribuem de forma significativa para a construção do conhecimento na sociedade da informação.
Laboratório virtual	O aluno pode utilizar laboratórios virtuais para realizar testes em casa, sem ser prejudicado pela distância. As barreiras dos espaços físicos são superadas, e o laboratório virtual de ensino permite uma aprendizagem colaborativa com a possibilidade de construção conjunta entre professor e aluno.

São muitos os recursos disponíveis em rede e de fácil acesso que possibilitam ao professor experimentar inúmeras alternativas para garantir uma aula diferenciada e rica em informações. Cabe ao profissional manter-se atualizado em relação às inovações tecnológicas – além, é claro, dos conteúdos de sua área de conhecimento – para atender às necessidade de seus alunos.

Enfim, não há receita de aula de sucesso. Uma aula precisa ser interessante e atraente, aproximar teoria e prática. "Uma boa aula precisa de professores mediadores, motivados, criativos, experimentadores, presenciais e virtuais. De mestres menos 'falantes', mais orientadores" (Moran, 2015, p. 26).

Destacamos ainda que outras tendências inovadoras não serão abordadas aqui por uma questão de espaço. Esperamos que você tenha curiosidade suficiente para continuar a pesquisa sobre o tema.

Síntese

Impactada pelas transformações históricas e econômicas, a sociedade pós-industrial, fase também conhecida como *sociedade da informação* ou *sociedade do conhecimento*, já não é mais estática e o cenário é marcado pela instabilidade e pela aceleração das mudanças. Grande parte desse processo se deu pelo desenvolvimento das tecnologias de informação e comunicação.

Assim, quando se considera a gestão do conhecimento, é necessário repensar as práticas tradicionais, promovendo-se uma mudança de paradigmas no sentido de aceitar que o compartilhamento de saberes e a troca de experiências são estratégias fundamentais para o crescimento e a sustentabilidade das organizações contemporâneas.

A gestão do conhecimento não fornece uma prática pedagógica única. Por meio de práticas diversas – como compartilhamento, socialização, formação de *clusters*, investimentos bem planejados, modelos de gestão que primam pelo desenvolvimento territorial, organização das informações e incentivos às novas tecnologias, valorizando-se o tempo, o espaço físico e a pesquisa – pode ajudar a definir novos paradigmas para a educação.

Neste capítulo, destacamos a necessidade de estabelecer novos paradigmas educacionais que contribuam para a construção do conhecimento e para o compartilhamento das informações. Nesse contexto, o professor tende a buscar metodologias inovadoras, amparadas na tecnologia, para tornar as aulas mais dinâmicas e significativas.

Atividades de autoavaliação

1) De acordo com Behrens (1996), para atender às novas expectativas, o docente tem de gerar conhecimento prestando atenção aos recursos tecnológicos. Sobre esse desafio, assinale a alternativa correta:
    a. O docente é responsável pela busca e transmissão da informação.
    b. O desafio do docente é encontrar espaços novos de trabalho individual.
    c. É um desafio para o docente compartilhar a informação de maneira efetiva para a aprendizagem.

d. O desafio do docente é continuar a ser o detentor do conhecimento pronto e acabado.
e. Para o docente, o desafio é ter acesso aos recursos tecnológicos.

2) O uso das tecnologias da informação e comunicação (TICs) abre horizontes para que os alunos construam novos conhecimentos e aprendam a trabalhar em equipe enfatizando a interação e a cooperação. Sobre a perspectiva da tecnologia móvel, é correto afirmar:
  a. A aprendizagem móvel ou *m-learning* permite a concentração por períodos de tempo curtos.
  b. O *m-learning* é uma área emergente da educação, porém sem usabilidade.
  c. As tecnologias móveis permitem maior interação, por isso são aliadas importantes de docentes e alunos.
  d. As tecnologias móveis não se aplicam à educação – facilitam apenas a aprendizagem informal.

3) Segundo Monteiro et al. (2006), "objetos de aprendizagem podem se tornar um valioso recurso pedagógico, com possibilidades de facilitar e de tornar mais eficaz o processo de ensino". Sobre os objetos de aprendizagem (OAs), é correto afirmar:
  a. Eles podem ser considerados novos recursos para apoiar o ensino e a aprendizagem, porém dificultam a compreensão de conteúdos abstratos das disciplinas.
  b. Atualmente existem somente repositórios que exigem licença, o que dificulta o uso dos OAs.
  c. São exemplos de OAs: miniestudos de caso, descrições, definições e exercícios de revisão.
  d. Os OAs vão além da interação que a tecnologia proporciona, porém ainda não são considerados importantes para romper a fragmentação do ensino.
  e. OAs apresentam características de vídeos e textos longos.

4) Conforme Oliveira e Villardi (2005), os novos tempos exigem que o professor redimensione seu lugar no processo educacional, agindo como mediador da aprendizagem. Nesse contexto, o ambiente de aprendizagem também deve ter algumas características. Sobre as tendências dos ambientes de aprendizagem, é correto afirmar:
   I. Estão pautados em espaços educacionais dinâmicos e participativos.
   II. Devem permitir a interação entre os sujeitos, alunos-alunos, alunos-professor.
   III. Estão restritos ao uso da tecnologia de comunicação.

   Agora, assinale a alternativa correta:
   a. Somente as afirmativas I, III estão corretas.
   b. Somente as afirmativas I e II estão corretas.
   c. Somente as afirmativas II e III estão corretas.
   d. Nenhuma das afirmativa está correta.

5) De acordo com Moran (2015, p. 26), "uma boa aula precisa de professores mediadores, motivados, criativos, experimentadores, presenciais e virtuais. De mestres menos 'falantes', mais orientadores". Com base nessa afirmação, analise as assertivas a seguir.
   I. É necessário equilíbrio entre aulas expositivas e atividades práticas.
   II. O professor é o único detentor do conhecimento.
   III. O professor pode contribuir para a interação entre ensino e aprendizagem quando exerce o papel de mediador.
   IV. Ensino e aprendizagem devem ser experiências compartilhadas entre professores e alunos.
   V. O uso apenas de aulas expositivas garantirá o sucesso dos objetivos propostos.

   Agora, assinale a alternativa certa:
   a. Estão corretas as assertivas II, IV e V.
   b. Estão corretas as assertivas I, II e III.
   c. Apenas a assertiva IV está correta.
   d. Estão corretas as assertivas I, III e IV.

Atividades de aprendizagem

Questões para reflexão

1) Você acredita que é possível transformar a maneira como se ensina e se aprende com o uso de ferramentas digitais? De que forma essa transformação pode acontecer?

2) Você já fez uso dos serviços de correio de voz, de mensagens curtas (SMS), de transmissão de fotos e de *e-mail* a fim de aprender algo? Como foi essa experiência?

3) As redes sociais são ferramentas de comunicação que aproximam docentes e alunos e permitem a troca de informações entre eles, constituindo-se comunidades virtuais de aprendizagem. Você acredita que é possível fazer uso dessas redes sociais direcionando-as para a aprendizagem?

Atividade aplicada: prática

1) Depois de refletir sobre as tendências para o ensino na sociedade do conhecimento, crie um mapa conceitual apontando as principais tendências para a educação atual.

Lembre-se: o mapa conceitual também é uma forma de organizar seus pensamentos sobre determinado tema. Na internet existem diversos modelos de mapa conceitual, entre os quais você pode escolher o que lhe parecer mais adequado. De todo modo, você deve criar seu mapa com o conhecimento que tem sobre o tema indicado.

4

Formação docente no contexto da sociedade do conhecimento

Neste capítulo, abordaremos aspectos específicos da prática docente no contexto da sociedade do conhecimento, examinando a função do professor nessa conjuntura. É importante destacar o contexto histórico e social do professor por meio de uma análise do processo histórico que possibilitou a constituição do perfil desse profissional na atualidade.

Na sequência, trataremos do professor como agente de transformação, considerando sua formação permanente, a perspectiva do aprender a aprender e a relação entre professor e aluno na construção conjunta e sistematizada de saberes.

Para que o estudo aqui proposto se torne mais efetivo, sugerimos que comece este capítulo refletindo sobre os seguintes questionamentos:

- Qual é o papel do professor na sociedade atual?
- O que significa ser professor na atualidade?
- Como deve ser a prática docente e a relação entre professor e aluno nos dias de hoje?

4.1
Contexto histórico e social e atuação do professor

Para refletir sobre o papel do professor na sociedade atual – com suas responsabilidades, expectativas e tendências de ação no âmbito dos processos de ensino e aprendizagem –, é importante compreender como de fato se caracteriza a sociedade atual; que reflexos tal fator tem na função do professor e em seu trabalho; quais mudanças históricas resultaram na formação social tal como se apresenta hoje.

A sociedade contemporânea é fruto de mudanças constantes e de adaptações ocorridas ao longo dos anos, e vários são os fatores que contribuíram para que apresentasse as características estampadas hoje. Dois dos mais importantes são a industrialização e o avanço tecnológico, que influenciam nossa maneira de viver, as formas de comunicação social e o acesso ao conhecimento.

Nesse emaranhado de mudanças, a função do professor precisa ser revista de modo que ele possa se fortalecer em um processo de ensino e aprendizagem eficaz e atrativo. O docente deixa de ser o detentor autoritário do saber e passa a ser mediador do conhecimento.

Como afirmamos em capítulos anteriores, a sociedade atual é consequência de uma série de eventos mais ou menos transformadores ao longo dos séculos. Após a Revolução Industrial, as mudanças não se limitaram ao sistema de produção, que deixou de ser artesanal e passou a ser em larga escala. A demanda por novos meios de produção abriu espaço para novas exigências e assim outras transformações foram ocorrendo. Nesse contexto, houve um grande salto tecnológico que se intensificou com o passar dos anos. Com a tecnologia, surgiram novas formas de comunicação que conectaram o mundo por meio da globalização, possibilitando maior acesso à informação.

De acordo com Behrens (2015, p. 73), paralelamente às mudanças políticas, econômicas e sociais, "ocorre a transição da sociedade industrial, voltada para a produção de bens materiais, para a sociedade do conhecimento, voltada para a produção intelectual com uso intensivo de tecnologias".

Tais aspectos dos avanços ocorridos provam a importância da informação e do acesso a ela para que a sociedade continue se desenvolvendo. O que se espera das pessoas na sociedade atual é dinamicidade, busca pelo saber e pela atualização de seus conhecimentos em prol da promoção de melhorias em sua vida e no meio do qual fazem parte – por isso a demanda por conhecimento é crescente.

Vale considerar que nem sempre foi assim e que essa acessibilidade ao conhecimento é fruto da contemporaneidade. Segundo Lara (2004, p. 36),

> *Durante centenas de anos, a produção de informação aumentou aos poucos. Somente a partir da década de 1950 o avanço da tecnologia tornou possível a difusão, quase que instantânea, da informação. [...] A informação é a força motriz na vida de todos os grupos sociais. Para sobreviver no mercado de trabalho ou mesmo só para atuar na sociedade em geral, o indivíduo é obrigado a assimilar um número de conhecimentos que se amplia a cada minuto.*

Todas essas mudanças que levaram aos grandes avanços tecnológicos globais proporcionaram o acesso ao conhecimento, que, por sua vez, passou a ser o principal propulsor das demais mudanças que ocorreram e de outras que estão por vir. O conhecimento é imprescindível para a sociedade atual – a sociedade da informação. Vivemos na era do saber, na qual, mais do que a produção, o conhecimento tem espaço de destaque. Nesse sentido, conforme Behrens (1999, p. 386),

> *O final do século 20 caracteriza-se pelo advento da sociedade do conhecimento, da revolução da informação e da exigência da produção do conhecimento. Esse*

processo de mudança afeta profundamente os profissionais de todas as áreas do conhecimento e, por consequência, exige o repensar dos seus papéis e das suas funções na sociedade.

Com efeito, o conhecimento passou a ser mais acessível e, consequentemente, demanda-se cada vez mais dos profissionais de diversas áreas uma formação mais completa. Manter-se atualizado é essencial para que tanto o funcionário quanto as empresas e a própria sociedade, de maneira mais ampla, possam progredir. A *sociedade do conhecimento* é assim denominada sobretudo pelo fato de desenvolver e demandar saberes cada vez mais atualizados. A construção do conhecimento é uma constante, e cabe às pessoas que fazem parte dessa sociedade buscá-lo e sistematizá-lo para suas ações.

A revolução tecnológica que transformou as relações sociais e de produção, possibilitando o desenvolvimento das tecnologias da informação, fomentou novas perspectivas de tempo e espaço nas quais o conhecimento é peça primordial e passa por um processo de evolução contínua, tendo o homem como partícipe ativo, com seus múltiplos olhares, ideias e concepções.

São características da sociedade contemporânea a multiplicidade, o multiculturalismo, a dinamicidade, a criatividade, a tecnologia, a globalização e sobretudo o conhecimento. Para estarmos verdadeiramente inseridos nesse contexto da sociedade do conhecimento, da contemporaneidade, devemos enfrentar desafios para romper com as barreiras do tradicionalismo e para dominar a liquidez que caracteriza essa sociedade, segundo Bauman (2001).

De acordo com o autor, "aquilo sobre o que a informação mais informa é a fluidez do mundo habitado e a flexibilidade dos habitantes" (Bauman, 2001, p. 178). Conforme esse pensamento, a sociedade apresenta-se líquida em razão da constância das mudanças e do fluxo de desenvolvimento que a caracteriza; sua dinamicidade e flexibilidade permitem a quebra de paradigmas tradicionais e abrem espaço para a inovação e a multiplicidade que a compõem. No que tange ao conhecimento e à informação, podemos considerar que a adaptabilidade e a dinamicidade da sociedade garantem que ela seja maleável, ou seja, apta a aceitar as mudanças e as descobertas que surgirem.

Os impactos da contemporaneidade ou pós-modernidade se fazem sentir em vários âmbitos da sociedade – na cultura, na economia, na política ou na educação. Segundo Libâneo (2005, p. 27), no que se refere ao conhecimento, é importante considerar:

> [a] relativização do conhecimento sistematizado, especialmente do poder da ciência, destacando o caráter instável de todo conhecimento, acentuando-se, por outro lado, a ideia dos sujeitos como produtores de conhecimento dentro de sua cultura, capazes de desejo e imaginação, de assumir seu papel de protagonistas na construção da sociedade e do conhecimento.

O perfil do professor nesse contexto de tantas mudanças precisa ser revisto e readaptado para que, como agente formador e mediador de saberes, propicie a aprendizagem sistematizada com foco na formação crítica. Com essa demanda do ensino atual, no qual o conhecimento encontra-se não somente na escola, mas em todos os lugares, o maior dos desafios é promover nos alunos o prazer de aprender e de buscar aprender.

Assim, o processo de ensino e aprendizagem deve ser permeado por aspectos educativos que contemplem essa necessidade de saberes, no intuito de atender aos objetivos de mudança e desenvolvimento contínuos da contemporaneidade.

Figura 4.1 – Características da sociedade do conhecimento

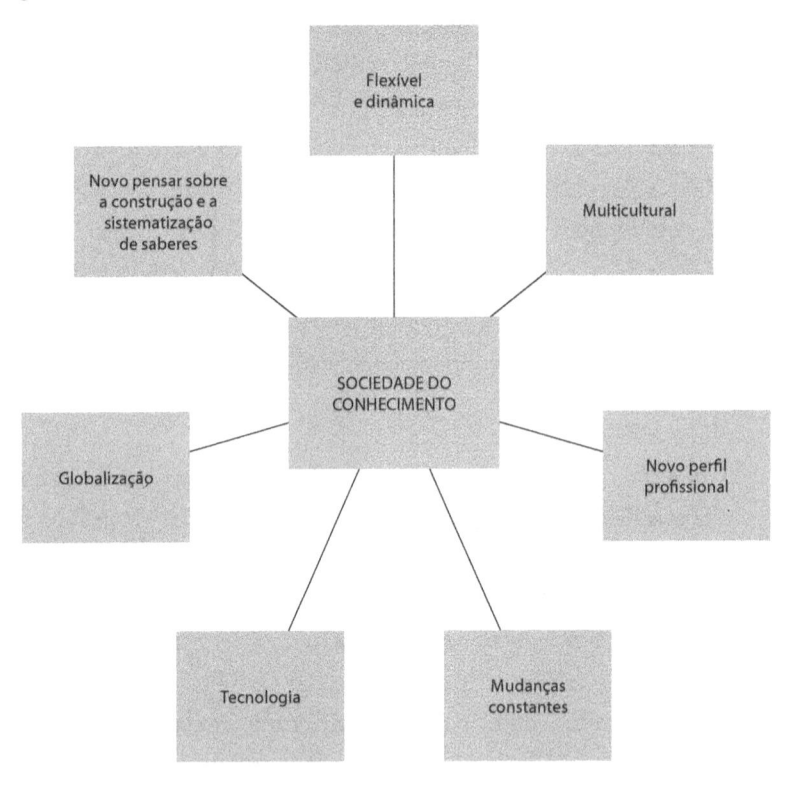

- Flexível e dinâmica
- Multicultural
- Novo pensar sobre a construção e a sistematização de saberes
- SOCIEDADE DO CONHECIMENTO
- Novo perfil profissional
- Globalização
- Tecnologia
- Mudanças constantes

BREVE ANÁLISE HISTÓRICA DA FORMAÇÃO DOCENTE

É possível observar um cuidado com a formação docente desde o século XVII, com o filósofo Comenius (1592-1670), considerado pai da educação moderna. Porém, os olhares se voltaram efetivamente para esse tema somente no século XIX, quando, após a Revolução Francesa, ficou evidente a necessidade de uma instrução mais popular. No Brasil, a preocupação com a educação para o povo ocorreu após a Independência, e foi a partir desse período que a atenção se voltou para a formação docente, conforme Saviani (2005).

A formação e a atuação do professor têm tomado novos rumos em razão das demandas e necessidades da sociedade contemporânea, que rompeu com as concepções tradicionalistas e rígidas de ensino e passou a contemplar a verdadeira essência da educação, baseada em um ensino dinâmico, democrático, reflexivo e participativo.

A Lei de Diretrizes e Bases da Educação Nacional – Lei n. 9.394, de 20 de dezembro de 1996 (Brasil, 1996) – estabeleceu o nível superior como escolaridade mínima para a prática docente. Tal fato acarretou mudanças significativas sobretudo na oferta dos cursos superiores voltados à formação docente.

O que se observa é que, embora as mudanças sejam recentes, tanto a formação quanto a atuação dos professores sofreram adaptações no que diz respeito à instrução e às metodologias para atender à sociedade atual. Um ensino autoritário e ligado à memorização não surte o efeito educacional demandado na atualidade e por isso acabou obsoleto e foi substituído por estratégias e métodos de ensino adaptados às necessidades atuais de interação, democratização e construção conjunta de saberes.

De acordo com Behrens (1999, p. 385),

> *Na realidade, acredita-se que a caracterização da prática pedagógica está fortemente alicerçada nos paradigmas que a própria sociedade vai construindo ao longo da história.*
>
> *A educação, a economia e a sociedade, assim como o homem, são produtos da ação histórica. Sendo assim, os paradigmas propostos e construídos pelos próprios homens vêm acompanhados de crenças, valores e posicionamentos éticos em frente a uma comunidade determinada.*

Com efeito, a educação e a prática educativa têm tomado rumos ditados pela sociedade, visto que, principalmente com o advento das novas tecnologias, novas tendências de metodologias e recursos educacionais passam a modificar a maneira como os saberes necessários à escolarização são absorvidos, transmitidos, sistematizados e atualizados – assim como acontece com a própria construção do conhecimento.

Nesse âmbito, vale ressaltar que "a educação tem um papel crucial na chamada 'sociedade tecnológica'. De fato, é unicamente por meio da educação que teremos condições, enquanto indivíduos, de compreender e de se situar na sociedade contemporânea, enquanto cidadãos partícipes e responsáveis" (Moraes; Santos, 2003, p. 11). Cabe ao professor manter-se atualizado e bem capacitado por meio de uma formação contínua de saberes e práticas inovadoras.

É necessário um novo olhar para o professor e para o conhecimento, fundamentais no processo de transformação da sociedade, em que não se podem ignorar as desigualdades sociais nem fragmentar o processo de ensino e aprendizagem. Conforme consta na Resolução n. 2, de 1º de julho de 2015, que define as Diretrizes Curriculares Nacionais para a formação inicial em nível superior (cursos de licenciatura, cursos de formação pedagógica para graduados e cursos de segunda licenciatura) e para a formação continuada,

> *Art. 2º [...]*
>
> *[...]*
>
> *§ 2º No exercício da docência, a ação do profissional do magistério da educação básica é permeada por dimensões técnicas, políticas, éticas e estéticas por meio de sólida formação, envolvendo o domínio e manejo de conteúdos e metodologias, diversas linguagens, tecnologias e inovações, contribuindo para ampliar a visão e a atuação desse profissional.* (Brasil, 2015)

Compete, portanto, ao profissional da educação conhecer e identificar as concepções de ensino e aprendizagem, bem como as principais teorias e tendências pedagógicas, levando em conta os contextos social, econômico, cultural, político e histórico, pois somente assim poderão ser elaborados meios de intervir e promover uma educação que fundamente os aspectos teóricos e práticos e que se efetive de maneira estruturada no processo de ensino.

Dada a complexidade da sociedade contemporânea, a formação docente precisa ser revista. Para Imbernón (2010, p. 37), "nas próximas décadas, a profissão docente deverá desenvolver-se em uma sociedade em mudança, com alto nível tecnológico e um vertiginoso avanço do conhecimento". Essa nova proposição social reflete diretamente na prática educacional e, no que se refere ao aspecto metodológico, tem o professor como articulador do processo de ensino e aprendizagem, em uma prática que deve ser exercida em parceria com os alunos, com vistas a instigá-los para a busca do conhecimento e de novos meios de encontrá-lo, promovendo transformações significativas na forma de fazer educação.

O professor deixa se ser o centro de todo o processo, ou seja, o detentor do conhecimento e da informação, para ser o facilitador, aquele que conduz o aluno ao aprendizado eficaz. Por isso, cabe refletir sobre sua ação na contemporaneidade e sobre os desafios de ser professor, considerando-se que

> *o contexto em que trabalha o magistério tornou-se complexo e diversificado. Hoje, a profissão já não é a transmissão de um conhecimento acadêmico ou a transformação do conhecimento comum do aluno em um conhecimento acadêmico. A profissão exerce outras funções: motivação, luta contra a exclusão social, participação, animação de grupos, relações com estruturas sociais, com a comunidade.*
> (Imbernón, 2010, p. 14)

Atualmente, desde a formação até a prática docente, é necessário atentar para a diversidade, pois o professor precisa incorporar em seu trabalho práticas motivadoras e inovadoras que atraiam, que chamem a atenção do aluno para a aprendizagem – o que somente decorre do esforço do professor em analisar as realidades que vivencia e buscar meios na teoria que possam agregar valor a sua prática.

Isso significa que a educação não pode ficar estagnada em métodos obsoletos, mas deve acompanhar as mudanças sociais, sobretudo as advindas da revolução tecnológica. Assim, a busca por maneiras de tornar os bons professores ainda mais eficazes é fundamental e requer investimentos que viabilizem a melhoria da prática docente, como o acesso a livros e recursos audiovisuais diversificados.

A dinamicidade da sociedade contemporânea mostra-se uma propulsora de mudanças educacionais influenciadas pelo desenvolvimento tecnológico que faz com que as informações estejam acessíveis e sejam rapidamente disponibilizadas, levando os próprios alunos a exigir mais do processo educativo, com aulas que sejam mais instigadoras.

O século XXI é o século da conexão e, com as novas tecnologias da informação e comunicação (TICs), há de se estabelecer uma nova postura por parte das instituições de ensino e dos professores. Essa nova postura requer conhecimento e dinamicidade, pois a educação precisa estar aberta a novas tendências, adaptando-se às mudanças de cunho tecnológico, com as TICs como aliadas no processo de ensino e aprendizagem.

Figura 4.2 – Atuação docente na atualidade

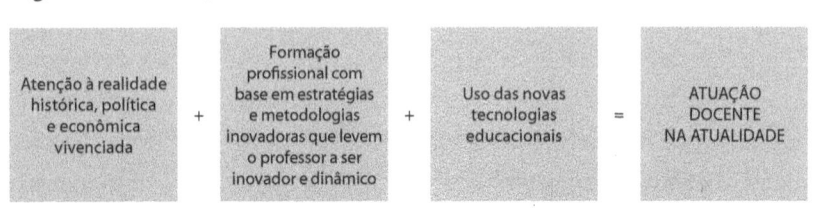

| Atenção à realidade histórica, política e econômica vivenciada | + | Formação profissional com base em estratégias e metodologias inovadoras que levem o professor a ser inovador e dinâmico | + | Uso das novas tecnologias educacionais | = | ATUAÇÃO DOCENTE NA ATUALIDADE |

Como sintetizado na Figura 4.2, a formação docente precisa estar direcionada para uma prática que estimule os professores a serem pesquisadores, investigadores mais críticos e capazes de refletir sobre sua própria ação e promover aulas mais significativas e motivadoras. Para tanto, é importante que analisem o contexto social e não ignorem as tecnologias que podem favorecer o ensino.

4.2
Professor: agente de transformação

Muitas são as mudanças decorrentes das transformações da sociedade, mas a educação tem papel de destaque na formação dos indivíduos para essa sociedade dinâmica e mutável. Nesse sentido, é válido considerar o foco de estudo da formação de professores, a pedagogia, e sua significância na formação docente para compreender a ação do professor nesse contexto.

Para Libâneo (2005, p. 19),

> *A pedagogia ocupa-se das tarefas de formação humana em contextos determinados por marcos espaciais e temporais. A investigação do seu objeto, a educação, implica considerá-lo como uma realidade em mudança. A realidade atual mostra um mundo ao mesmo tempo homogêneo e heterogêneo, num processo de globalização e individualização, afetando sentidos e significados de indivíduos e grupos, criando múltiplas culturas, múltiplas relações, múltiplos sujeitos.*

Em meio a essa multiplicidade que compõe a sociedade do conhecimento, repensar e reestruturar as ações pedagógicas é essencial para promover um ensino de qualidade, seguindo a tendência metodológica de dinamicidade, interatividade, democracia e formação crítica e reflexiva. Os desafios são grandes, assim como as mudanças, pois os processos educativos necessitam acompanhar os avanços tecnológicos e informacionais para que a educação no âmbito escolar seja atrativa e, acima de tudo, eficaz.

Desse modo, metodologias autoritárias e baseadas na memorização, ou ainda as que vislumbram a técnica acima de tudo, tendem a ficar cada vez mais obsoletas, pois não são relevantes para seus participantes. O ensino precisa ser significativo, portanto cabe à pedagogia, conforme Libâneo (2005, p. 21), "compreender como fatores socioculturais e institucionais atuam nos processos de transformação dos sujeitos, mas também em que condições esses sujeitos aprendem melhor". Por isso, para o autor, "pensar e atuar no campo da educação, enquanto atividade social e prática de humanização das pessoas, implica responsabilidade social e ética de não apenas o porquê fazer, mas o quê e como fazer" (Libâneo, 2005, p. 20).

A intencionalidade da educação deve estar evidente, e seus processos precisam ser dinâmicos e envolver todos os participantes para que, além de compreenderem os conteúdos, atribuam significados a essas práticas e possam externalizá-las em seu convívio social.

A prática pedagógica passa a ser repensada para atender às demandas que se apresentam e para fomentar o ensino de qualidade com base na realidade social percebida, de maneira democrática e humanizada, com o objetivo de formar cidadãos críticos e reflexivos. Tais premissas são consideradas como propósito da educação em um contexto social que pede mudanças.

> *A sociedade passa a exigir profissionais que tenham capacidade de tomar decisões, que sejam autônomos, que produzam com iniciativa própria, que saibam trabalhar em grupo, que partilhem suas conquistas e que estejam em constante formação. Nesse movimento de mudança, o professor passa a ter um papel fundamental de articulador e mediador entre o conhecimento elaborado e o conhecimento a ser produzido.* (Behrens, 1999, p. 386)

É nessa perspectiva que consideramos o professor-pedagogo na atualidade e sua responsabilidade como agente de transformação das pessoas, do meio do qual faz parte e, consequentemente, da sociedade de maneira geral. O professor é o principal responsável pela formação das pessoas, não mais visto como aquele que sabe tudo, ou seja, o detentor do saber, mas como um facilitador e motivador, passando a ser mediador do conhecimento.

É a mediação, segundo Masetto (2015, p. 152), que evidencia "o papel de sujeito aprendiz e o fortalece como protagonista de atividades que vão lhe permitir aprender e atingir seus objetivos, dando um novo colorido ao papel do professor e aos novos materiais e elementos com que ele deverá trabalhar para crescer e se desenvolver". Isso significa que o professor precisa inovar sua prática e adequá-la à realidade do grupo com que trabalha a fim de promover os estímulos corretos para que a aprendizagem aconteça.

É requerida do professor uma nova postura de trabalho que envolva a formação de pessoas. Para Gasparin (2007, p. 121), "a mediação realiza-se de fora para dentro quando o professor, atuando como agente cultural externo, possibilita aos educandos o contato com a realidade científica. Ele atua como mediador, resumindo, valorizando, interpretando a informação a transmitir". O docente deve, portanto, elaborar estratégias para envolver os alunos, reconhecendo-os como sujeitos ativos da própria formação. Cabe ao professor valorizar os aprendizes e explorar adequadamente as potencialidades de cada um, respeitando seus limites, de tal modo que eles se percebam como agentes de sua formação e acreditem no próprio potencial.

De acordo com Masetto (2015, p. 150),

> *O desenvolvimento da mediação pedagógica se inicia no trabalho com o aluno, para que este assuma um papel de aprendiz ativo e participante (não mais passivo e repetidor), de sujeito de ações que o levem a aprender e a mudar seu comportamento. Essas ações, ele as realiza sozinho (autoaprendizagem), com o professor e com seus colegas (interaprendizagem).*

O aluno inserido nessa prática se sente parte importante do processo de construção de seus saberes e, com o direcionamento adequado dado pelo professor, pode progredir significativamente. Assim, o docente torna-se agente de transformação na sala de aula e, consequentemente, sua prática se reflete em transformações para além do espaço escolar, ao considerar o meio do qual cada um de seus alunos faz parte.

Compreendermos, portanto, a mediação pedagógica como uma atitude docente capaz de modificar não somente a qualidade do processo de ensino e aprendizagem, mas também o meio em si. Na mediação se faz valer "o comportamento do professor que se coloca como um facilitador, um incentivador ou um motivador da aprendizagem, que se apresenta com a disposição de ser uma ponte entre o aprendiz e sua aprendizagem […] que ativamente colabora para que o aprendiz alcance seus objetivos" (Masetto, 2015, p. 151).

É importante levar os alunos a refletir sobre os conceitos trabalhados para além da sala de aula, ou seja, sistematizar os saberes teóricos e científicos na prática de cada um, além de levá-los a perceber suas próprias contribuições no desenvolvimento das atividades propostas, mostrando a intencionalidade do processo e permitindo que atribuam significados para a prática vivenciada.

No que se refere às características do professor contemporâneo, é válido considerar esse profissional como o mediador de saberes; assim, sua função não é ser autoritário e ensinar de maneira rigorosa, e sim, com respeito e compreensão das várias possibilidades de aprendizado de cada aluno, promover um processo de ensino e aprendizagem participativo. O comprometimento e o diálogo direcionado pelo professor propiciam que o aluno vivencie um meio educativo dinâmico e eficaz no que tange à sua participação efetiva como agente da própria formação. Segundo Freire (1996), é importante que a educação vise à autonomia desse sujeito de tal modo que os participantes desse processo percebam a educação como forma de intervir e de participar ativamente da sociedade.

A participação ativa e o exemplo por parte do docente são essenciais e se refletem nos resultados da aprendizagem dos alunos, por isso cabe ao professor estar preparado para as aulas e, principalmente, para mediar os saberes de maneira inovadora e atrativa para os alunos, que percebem o envolvimento do docente e, consequentemente, sentem-se motivados a participar e a interagir. Práticas e propostas inovadoras fazem diferença, além, é claro, do comprometimento do profissional com a formação desses indivíduos, fomentando os direcionamentos adequados e condizentes com as possibilidades de cada um.

Para Behrens (1999, p. 386), ao inovarem, é importante que os professores "preocupem-se em oferecer uma melhor qualidade de vida para os homens, provocando, nesse processo, uma reflexão de que se vive num mundo global, portanto, são responsáveis pela construção de uma sociedade mais justa e igualitária".

O professor deve ter consciência de sua função, de sua responsabilidade, e exercer sua prática com o devido comprometimento, pois seus atos se refletem na formação de muitas pessoas e na vida em sociedade.

Figura 4.3 – Características do professor como agente de transformação

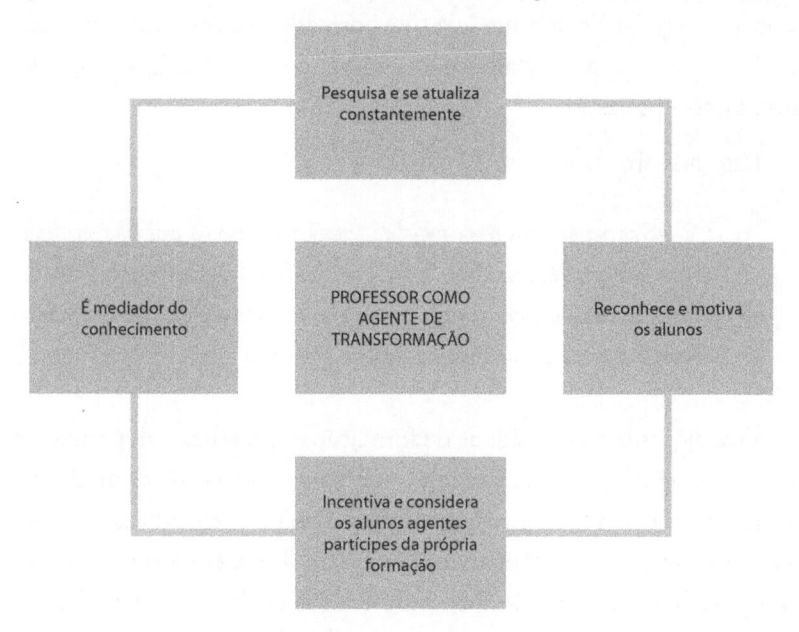

```
                    ┌──────────────────────┐
                    │ Pesquisa e se atualiza│
                    │    constantemente     │
                    └──────────────────────┘

┌──────────────┐   ┌──────────────────┐   ┌──────────────────┐
│ É mediador do│   │ PROFESSOR COMO   │   │Reconhece e motiva│
│ conhecimento │   │   AGENTE DE      │   │    os alunos     │
│              │   │ TRANSFORMAÇÃO    │   │                  │
└──────────────┘   └──────────────────┘   └──────────────────┘

                    ┌──────────────────────┐
                    │ Incentiva e considera │
                    │   os alunos agentes   │
                    │  partícipes da própria│
                    │       formação        │
                    └──────────────────────┘
```

Entendemos que um professor motivado, que pesquisa e inova sua prática, exerce grande influência positiva na formação de seus alunos. Assim, como consta na Figura 4.3, sua função na contemporaneidade é muito mais do que repassar informações, visto que o acesso a elas é ilimitado e fácil; seu papel é o de promover a motivação pelo conhecimento crítico e reflexivo que, quando colocado em prática, certamente vai resultar em crescimento para os alunos e para a sociedade de maneira geral.

4.3
Formação permanente

A formação do professor é de grande relevância para que o processo de ensino e aprendizagem culmine nos resultados esperados, sobretudo quando o objetivo de sua prática é a formação de cidadãos críticos e reflexivos que possam contribuir para a vida em sociedade. É importante que o trabalho docente seja transformador e que o professor possa mediar os saberes para os alunos, incentivando-os a serem participantes ativos desse processo.

Segundo Imbernón (2010, p. 61),

> *A formação permanente tem o papel de descobrir a teoria para ordená-la, fundamentá-la, revisá-la e combatê-la, se for preciso. Seu objetivo é remover o sentido pedagógico comum, para recompor o equilíbrio entre os esquemas práticos e os esquemas teóricos que sustentam a prática educativa.*

Fica evidente a necessidade de formação e aprendizagem permanentes por parte do professor para que sua ação acompanhe as mudanças tecnológicas e metodológicas, dinamizando o processo educativo e promovendo um meio participativo. Para além disso, é relevante que sua prática reflita sua formação. Isso significa que também é necessário que haja adaptações e atualizações no currículo, planejamento e atividades socioculturais que promovam a integração dos grupos.

Cabe ao docente preparar as pessoas para as incertezas e a dinamicidade da sociedade contemporânea, cujo paradigma educacional representa bem a necessidade de constantes adaptações para a qualificação docente. Para Behrens (1996, p. 25), "a questão da informação, a produção do saber, a construção do conhecimento são características deste novo paradigma e as reflexões sobre a problemática tornam-se urgentes e relevantes".

Ao se refletir sobre as problemáticas da educação e da sociedade atual, é possível perceber que é necessário propor mudanças, com inovação e interatividade, de tal maneira que a educação viabilize em seus processos escolares a compreensão e inquietação das pessoas a respeito da realidade social. Para que a educação ultrapasse as barreiras da sala de aula, cabe ao professor subsidiar meios de os alunos sistematizarem os conhecimentos ali trabalhados na realidade de cada um.

Em uma era na qual há o predomínio da informação, o avanço tecnológico e a globalização, o fácil acesso às informações e ao conhecimento intensificou a função e a responsabilidade da escola. Assim, o novo paradigma instaurado determina as mudanças necessárias para que a escola possa acompanhar esse emaranhado de mudanças que seguem em um ritmo constante. Nesse contexto,

> *A formação permanente do professor deve ajudar a desenvolver um conhecimento profissional que lhe permita: avaliar a necessidade potencial e a qualidade da inovação educativa que deve ser introduzida constantemente nas instituições; desenvolver habilidades básicas no âmbito das estratégias de ensino em um contexto determinado, do planejamento, do diagnóstico e da avaliação; proporcionar as competências para ser capaz de modificar as tarefas educativas continuamente, em uma tentativa de adaptação à diversidade e ao contexto dos alunos; comprometer-se com o meio social. (Imbernón, 2010, p. 72)*

O docente deve compreender que, para manter a qualidade e a eficácia de seu trabalho, é necessário que haja atualização e inovação, de maneira que possa acompanhar as novas tecnologias e utilizá-las em benefício do processo de ensino e aprendizagem.

Quanto aos aspectos de sua formação, ela ocorre de maneiras diversas, que, em sua maioria, dependerão exclusivamente da disponibilidade e do interesse do professor em aperfeiçoar seus conhecimentos, atualizá-los e, por vezes, adquirir novos saberes. Tal fato decorre da existência de vários meios de se promover essa formação – presencial ou a distância, pública e gratuita ou privada. O mais importante é que ela tenha objetivos claros e definidos e que acompanhe as nuances pedagógicas e sociais vigentes, bem como a realidade vivida pelo professor. Assim, como explica Romanowski (2012, p. 131),

> *O objeto da formação continuada é a melhoria do ensino, não apenas a do profissional. Portanto, os programas de formação continuada precisam incluir saberes científicos, críticos, didáticos, relacionais, saber-fazer pedagógico e de*

gestão; podem ser realizados na modalidade presencial e a distância. Ressaltamos a necessária ênfase na prática dos professores e seus problemas como importante eixo condutor dessa modalidade de formação.

É possível compreender que a necessidade de atualização docente é uma constante e que cabe ao professor, muitas vezes, a iniciativa de buscar essa formação permanente. O resultado desse trabalho de formação permanente do professor certamente terá reflexo na prática mais assertiva de sua função e na formação de seu alunado.

Acompanhar as mudanças e atender à necessidade de formação contínua e permanente deve ser o foco do professor contemporâneo para desenvolver características de trabalho dinâmicas, ser pesquisador e inovador, criativo, reconhecer a realidade de aprendizado de cada aluno e planejar sua ação no intuito de que todos aprendam. Cabe ao professor da atualidade superar o ensino que prima pela mera transmissão do saber e propiciar um ensino democrático que integre e promova a interação necessária de maneira atrativa, desenvolvendo nos alunos o prazer em aprender, em buscar e trocar saberes científicos e práticos.

4.4
O professor na perspectiva do aprender a aprender

Como mencionamos, o processo de aprendizado e atualização de saberes deve se dar de maneira constante na vida dos docentes. Nesse contexto, surgiu uma nova maneira de se pensar o ensino nas instituições escolares, instaurando-se uma metodologia de trabalho mais dinâmica e atrativa a seus partícipes. Você já sabe que o foco da educação contemporânea deixa de ser a memorização dos saberes científicos e passa a ser a sistematização desses conhecimentos para a realidade dos alunos de tal forma que o processo de ensino e aprendizagem possa refletir a vida em sociedade. Assim, fica evidente que

> *necessitamos desenvolver em nossos ambientes de aprendizagem a autonomia de nossas crianças e também de nossos professores, levando-os a aprender a aprender. Isso significa ter condições de refletir, analisar e tomar consciência do que já sabemos, dispormo-nos a mudar os conceitos e os conhecimentos que possuímos, seja para processar novas informações, seja para substituir conceitos cultivados no passado e adquirir novos conhecimentos.* (Moraes, 2016, p. 144)

O aprender a aprender ganha espaço graças a um processo educativo inovador, capaz de promover a busca e o desenvolvimento de novos conhecimentos. Isso somente é possível por meio de inquietações, questionamentos, dúvidas, enfim, de um processo que busque formar efetivamente pessoas críticas e reflexivas, autônomas e que saibam trabalhar em grupo e para grupos diversos. Isso caracteriza a educação. Ela deve ser carregada de significados, de intenção e deve ter objetivos claros para formar indivíduos capazes de lidar com as incertezas da sociedade contemporânea.

Com esse ponto de vista, o profissional da área precisa identificar a importância de uma formação efetiva e atualizada. Segundo Demo (2012, p. 19),

> *Dentro do perfil do trabalhador moderno, entendido como portador central do processo inovativo, trata-se de aprender a aprender, saber pensar e não somente de fazer funcionar. Isso inclui condição de avaliar processos complexos, visão geral da situação e evolução, capacidade multidisciplinar e, sobretudo, formação.*

É preciso reconhecer a necessidade de professores que tenham autonomia, criatividade e capacidade de transformação, que se mostrem motivados a desenvolver suas funções com excelência acompanhando as mudanças metodológicas e tecnológicas e utilizando-as em prol da educação. Fazer bom uso dos recursos disponíveis e inovar o processo de ensino e aprendizagem é essencial para o sucesso educacional.

Portanto, cabe ao profissional da educação

> *refletir sobre a própria aprendizagem, tomar consciência das estratégias e dos estilos cognitivos individuais, reconstruir os itinerários seguidos, identificar as dificuldades encontradas, assim como os pontos de apoio que permitem avançar: tudo isso é parte substancial do aprender e da possibilidade de aprimorar a própria aprendizagem.* (Torres, 1994, p. 92)

Compreendemos que, como consta na Figura 4.4, aprender a aprender não é somente adquirir novos conhecimentos, mas refletir sobre suas ações e sobre a maneira como podem ser modificadas para melhorar o trabalho e os resultados obtidos.

Figura 4.4 – Aprender a aprender

```
┌─────────────────────────────────────┐
│     Criar, construir inovar         │
└─────────────────────────────────────┘
                  +
┌─────────────────────────────────────┐                ┌──────────────┐
│ Refletir sobre a prática e as       │    ⇨           │  APRENDER    │
│ necessidades                        │                │  A APRENDER  │
└─────────────────────────────────────┘                └──────────────┘
                  +
┌─────────────────────────────────────┐
│ Atualizar-se, buscar a formação permanente │
└─────────────────────────────────────┘
```

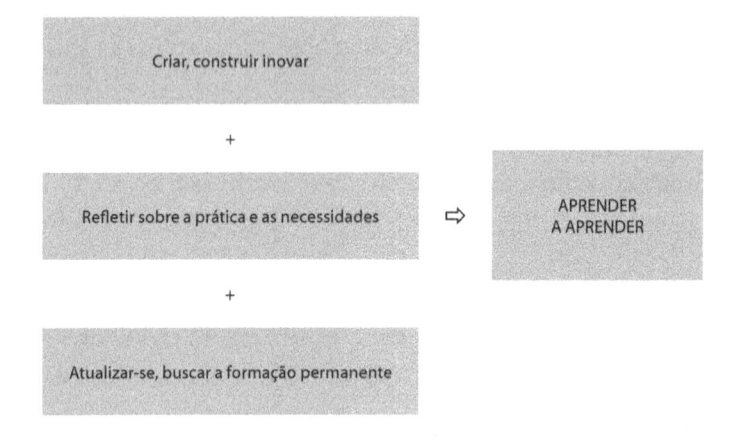

A mera reprodução, a cópia e as ações passivas devem, assim, ceder espaço para o saber pensar e o aprender a aprender, pois assim a formação será pautada em autonomia e na formação para a construção de novos saberes e práticas de modo a dinamizar a educação, tornando-a mais participativa e inovadora.

4.5
Professores e alunos: compartilhando conhecimentos

No contexto da educação contemporânea que permeia a sociedade do conhecimento, é de grande relevância compreender como se dá a relação entre professor e aluno para que o ensino comporte as características atuais, envolva os estudantes e os leve a sistematizar os conhecimentos.

Segundo Behrens (1996), cabe ao professor "estar atento ao fato de que a universidade é um espaço para produzir conhecimento. A produção do conhecimento significativo precisa dar conta do avanço da fronteira da ciência, da tecnologia, da cultura e também dos problemas atuais que atingem a comunidade". Portanto, é preciso considerar que os professores devem buscar aperfeiçoamento contínuo e que é importante compreender o que as instituições de ensino representam para a sociedade atual, bem como a responsabilidade do professor na formação do aluno.

É possível observar atualmente uma nova reflexão sobre a relação entre professor e aluno, uma vez que que o ensino não é mais autoritário e sim democrático. Da mesma forma, o professor não pode mais ser visto como aquele que detém o conhecimento e os alunos, como agentes passivos que recebem e reproduzem o saber de maneira mecânica. O professor atual, mediador, deve ser o incentivador das descobertas dos alunos, de sua participação, e nortear seu aprendizado científico e social.

É importante que o professor planeje sua ação de tal maneira que possa identificar as particularidades de cada aluno e direcionar estratégias de trabalho adequadas, em uma relação que deve ser calcada no respeito mútuo. De acordo com Gasparin (2007, p. 121),

> Para a realização de seu trabalho, o professor elabora esquemas de ação que busquem desenvolver aquelas habilidades e capacidades que ainda não estão desenvolvidas nos educandos, mas encontram-se em fase de construção. Conhecendo o

cotidiano do aluno e o conteúdo escolar, o professor age no sentido de que o educando, de início, reproduza ativamente para si o conteúdo científico, recriando-o, tornando-o seu e, portanto, novo para ele.

O aluno se torna um agente cada vez mais ativo de sua formação quando o professor orienta sua construção do conhecimento. Por isso, vale ressaltar a necessidade de uma relação que prime pela interação e pela integração de seus membros, a fim de possibilitar que o aluno se sinta respeitado, acolhido e motivado a participar.

Reconhecer o aluno como centro do processo de ensino e aprendizagem e, por conseguinte, da construção do conhecimento é essencial para que a produção e a sistematização desse conhecimento se efetivem. Incentivar a pesquisa e a busca por novos saberes favorece o posicionamento crítico do aluno, bem como sua intervenção na realidade.

> *Na perspectiva colaborativa, a ação dos alunos sobre os conteúdos e a ação de intervenção dos professores são fundamentais para o desenvolvimento de estratégias cognitivas que promovam o conhecimento e a capacidade de lidar com situações novas. A aprendizagem tem origem na ação do aluno sobre os conteúdos específicos e sobre as estruturas previamente construídas que caracterizam seu nível real de desenvolvimento no momento da ação.* (Oliveira; Villardi, 2005, p. 52)

Assim como o aluno assume uma nova postura diante do processo de ensino e aprendizagem, também o professor o faz ao elaborar situações de aprendizagem que vislumbrem trocas significativas de conhecimentos entre os alunos e entre aluno e professor. Masetto (2015, p. 142) nos leva a refletir sobre o novo papel do professor ao considerar que "o mais das vezes ele vai atuar como orientador das atividades do aluno, consultor, facilitador, planejador e dinamizador de situações de aprendizagem, trabalhando em equipe com o aluno e buscando os mesmos objetivos".

Fica evidente que o professor deve levar em consideração os saberes que os alunos já possuem e atuar como mediador de novos saberes a serem compreendidos e descobertos, auxiliando-os, assim, na organização e no aprofundamento dos conhecimentos que trazem consigo, além de motivá-los a se tornarem pesquisadores, em um processo dinâmico e reflexivo.

Síntese

Neste capítulo, abordamos a formação docente no contexto da sociedade do conhecimento. Para tal, destacamos as principais características da sociedade do conhecimento, sua dinamicidade, as transformações constantes e o impacto dos avanços tecnológicos.

No contexto da formação docente, ressaltamos o papel do professor no contexto histórico e social em que está inserido e como essa realidade interfere na formação docente e em sua prática profissional, considerando a grande representatividade da educação na sociedade em que vivemos, na qual o professor é agente transformador.

O professor, agente de transformação, atua em prol de formar cidadãos críticos e reflexivos que possam atuar de maneira positiva no meio do qual fazem parte. Por isso enfatizamos a importância da formação permanente do professor para que esteja atualizado e promova um processo de ensino e aprendizagem condizente com as tendências pedagógicas vigentes, além de agregar valor ao trabalho, inovando-o constantemente e contando com o aluno como agente da própria formação.

Nesse sentido, mostramos que o professor deve buscar conhecimentos e compartilhá-los na prática docente do aprender a aprender, rompendo com métodos obsoletos de mera transmissão e memorização e promovendo um aprendizado dinâmico, participativo e sistematizado dos saberes estudados, com vistas a fomentar a reflexão e estimular a pesquisa e a inovação por parte dos alunos.

Finalizando este capítulo, destacamos que a relação entre professores e alunos na sociedade atual deve ser de respeito mútuo e reconhecimento do potencial destes para a promoção de um ensino significativo, em um processo no qual o aluno é agente de sua formação e o ensino é calcado no compartilhamento e na troca de conhecimentos.

Atividades de autoavaliação

1) Muitas mudanças ocorreram ao longo dos anos na sociedade e contribuíram para que a educação assumisse as características observadas hoje. Nesse contexto, o papel do professor é importante para o sucesso do processo de ensino e aprendizagem, no qual assume a função de agente de transformação. Quanto às características esperadas desse professor, analise as assertivas a seguir:

   I. Ser agente de transformação inclui o autoritarismo, a rigidez e um ensino metódico por parte do docente.

   II. O professor como agente transformador é comprometido com a educação, trabalha o respeito e o diálogo em sala de aula.

   III. A prática desse profissional visa à formação de cidadãos críticos e reflexivos, por isso deve levar em conta a realidade da turma para fomentar um trabalho mais eficaz.

   IV. Não mais visto como o detentor do conhecimento, o professor na atualidade assume a função de mediador dos saberes.

   É correto o que se afirma em:
   a. I, apenas.
   b. II e III.
   c. I e IV.
   d. II, III e IV.

2) O uso das novas tecnologias da informação e comunicação (TICs) abre horizontes para que os alunos construam novos conhecimentos e aprendam a trabalhar em equipe, enfatizando a interação e a cooperação. Nesse contexto, a formação do professor é extremamente relevante. Sobre a formação do professor contemporâneo, é correto afirmar:

   I. A formação do professor deve possibilitar espaços para que as pessoas aprendam e se adaptem para poder conviver com a mudança e com a incerteza.
   II. O professor deve repensar a prática pedagógica.
   III. O professor precisa saber como interpretar, usar e acessar a informação, para poder compartilhá-la de maneira efetiva para a aprendizagem.
   IV. O professor deixa de ser o único e exclusivo detentor da informação e do conhecimento e passa a ser o condutor da trilha de aprendizagem.

   Agora, assinale a alternativa certa:
   a. Somente as afirmativas I e II estão corretas.
   b. Somente as afirmativas II e III estão corretas.
   c. As afirmativas I, II e III estão corretas.
   d. As afirmativas I, II, III e IV estão corretas.

3) No que se refere à formação docente na sociedade do conhecimento, alguns aspectos devem ser levados em consideração para a formação de um profissional que proporcione efetivamente um processo de ensino e aprendizagem condizente com as necessidades atuais. Analise as assertivas a seguir:

   I. A formação de docentes deve levá-los a atuar com base em metodologias inovadoras, dinâmicas e bem planejadas, na busca por uma educação sempre melhor.
   II. O professor deve se atualizar quanto a novas tecnologias, mas não precisa fazer uso delas em sala de aula, pois as tecnologias não contribuem para a melhoria do processo de ensino e aprendizagem na sociedade atual.

III. O processo de formação do professor é permanente, pois é imprescindível ao bom profissional manter seus conhecimentos sempre atualizados.

IV. O aprender a aprender precisa ganhar espaço na formação docente e também em sua prática com os educandos.

É correto o que se afirma em:
a. I e II, apenas.
b. II e III, apenas.
c. I, III e IV, apenas.
d. I, II e IV, apenas.

4) O professor tem papel fundamental no processo de ensino e aprendizagem mesmo no cenário atual, que tem apresentado uma mudança nos papéis, em que o professor deixa de ser o detentor do conhecimento e passa a ser um mediador. Quanto às características do professor em sala de aula, é correto afirmar:
   a. O professor contemporâneo estimula o conhecimento dos alunos, sempre trazendo respostas prontas para as aulas.
   b. O professor contemporâneo apresenta suas experiências como troca de conhecimento e estimula os alunos a fazer o mesmo.
   c. Ainda que a sociedade tenha mudado e o perfil dos alunos demande um professor mais dinâmico, ele ainda deve ser o maior detentor do conhecimento sobre todos os assuntos.
   d. O professor que promove o diálogo e o debate em sala de aula muitas vezes perde o controle dos alunos, prejudicando o aprendizado.

5) O novo formato de aprendizagem tem resultado em mudanças de papéis nesse processo, o que tem exigido uma mudança de postura tanto dos alunos quanto dos professores. A respeito do professor na nova configuração do processo de ensino e aprendizagem, é correto afirmar:
   I. Não conseguirá ensinar tudo ao aluno, mas o ajudará nesse processo.

II. Deve se colocar como coadjuvante no processo e ensinar o aluno a aprender.

III. Precisa preparar o aluno para o processo de educação linear.

IV. Precisa repensar suas práticas pedagógicas a fim de contribuir para a mediação do processo de aprendizagem do aluno.

Agora, assinale a alternativa certa:

a. Estão corretas as afirmativas I, II e IV.
b. Estão corretas as afirmativas I, II e III.
c. Estão corretas as afirmativas II e III.
d. Estão corretas as afirmativas II e IV.

Atividades de aprendizagem

QUESTÕES PARA REFLEXÃO

1) Com as novas tecnologias, a dinamicidade e as novas tendências na educação, você considera que a relação entre professor e aluno foi prejudicada ou fortalecida? Em que deve ser pautada essa relação para que o processo de ensino e aprendizagem obtenha êxito?

2) No contexto da educação atual, o conhecimento atualizado é essencial para a prática docente, daí a necessidade de o professor buscar a formação permanente. Como essa formação pode e ocorrer?

ATIVIDADE APLICADA: PRÁTICA

1) No intuito de sistematizar as ideias abordadas nesse capítulo, é relevante refletir sobre os principais aspectos considerados no âmbito da formação docente atual. Para isso, elabore alguns questionamentos sobre o que foi apresentado a respeito do assunto e que você considere essenciais para a formação docente e faça uma entrevista com dois professores. Após a entrevista, elabore um texto descrevendo como foi cada momento e explicitando suas considerações sobre a formação docente na prática atual.

5

Aprendizagem nos paradigmas emergentes/inovadores

Neste capítulo, abordaremos a contribuição dos paradigmas emergentes para a compreensão do processo de aprendizagem. Analisaremos as metodologias ativas, também chamadas de *metodologias significativas* e *colaborativas*, que se baseiam no princípio da construção do conhecimento de forma conjunta entre professor e aluno.

Estamos inseridos em uma sociedade movida a informação e conhecimento, que requer dos profissionais de todas as áreas, inclusive da educação, capacidade de mudança e adaptação. É possível perceber, com a evolução das redes de comunicação, a potencialização e a consolidação da educação a distância, do ensino híbrido e também de novas formas de condução do ensino presencial.

Diante desse cenário, fica clara a necessidade da utilização de inovações que enriqueçam tanto as aulas presenciais quanto as virtuais, pois em ambos os casos os alunos estão cada vez mais conectados e sedentos por informações em tempo real. Vamos refletir sobre como as novas tecnologias e recursos midiáticos e concepções pedagógicas inovadoras podem contribuir para o desenvolvimento de um ensino que garanta a atenção do aluno.

5.1
Aprender a aprender

A perspectiva do aprender a aprender corresponde ao conceito de um dos pilares educacionais propostos pela Organização das Nações Unidas para a Educação, a Ciência e a Cultura (Unesco) para o século XXI. Essa proposta está no relatório da Comissão Internacional da Unesco, conhecido como *Relatório Jacques Delors*, e também nos Parâmetros Curriculares Nacionais para o Ensino Fundamental. São eles:

- Aprender a ser.
- Aprender a viver em conjunto.
- Aprender a fazer.
- Aprender a conhecer.

No pilar *aprender a conhecer* ficam implícitos aspectos relacionados ao aprender a aprender, uma vez que este se cumpre com o conhecimento adquirido por meio das oportunidades que se apresentam ao longo da vida e da forma como analisamos essas experiências e saberes e os transformamos em conhecimento.

É importante destacar que a palavra *aprender* é o ponto-chave desses pilares, que contempla também outras dimensões comportamentais que podem ser desenvolvidas, como empatia, experiência, motivação e conduta. A aprendizagem é diversificada e ocorre de forma contínua.

De acordo com Duarte (2001, p. 37), "a educação deve preparar os indivíduos para acompanharem a sociedade em acelerado processo de mudança". Esse pensamento valoriza a concepção do aprender a aprender, pois, nessa perspectiva, é mais importante para o aluno o desenvolvimento de um método de construção do conhecimento do que a aprendizagem resultante da transmissão de conhecimentos descobertos historicamente.

No capítulo anterior, abordamos a perspectiva do professor em relação a esse aspecto e mostramos que o ritual no qual o professor ensina (transmite) e o aluno aprende (recebe o saber) não atende às expectativas da sociedade atual. Na proposta do aprender a aprender, o aluno é o principal protagonista de sua aprendizagem e precisa aprender como estudar o que é de seu interesse.

Aprender a aprender é um desafio, afinal estamos muito acostumados com a reprodução – e construir conhecimento, buscar diferentes formas de aprendizagem requer disposição e atitude. Behrens (1996, p. 85) afirma que a recomendação infiltrada no aprender a aprender implica saber pensar e, ao mesmo tempo, ter a capacidade de dominar e renovar a informação, bem como de decidir o que fazer com ela.

Figura 5.1 – Ciclo do aprender a aprender

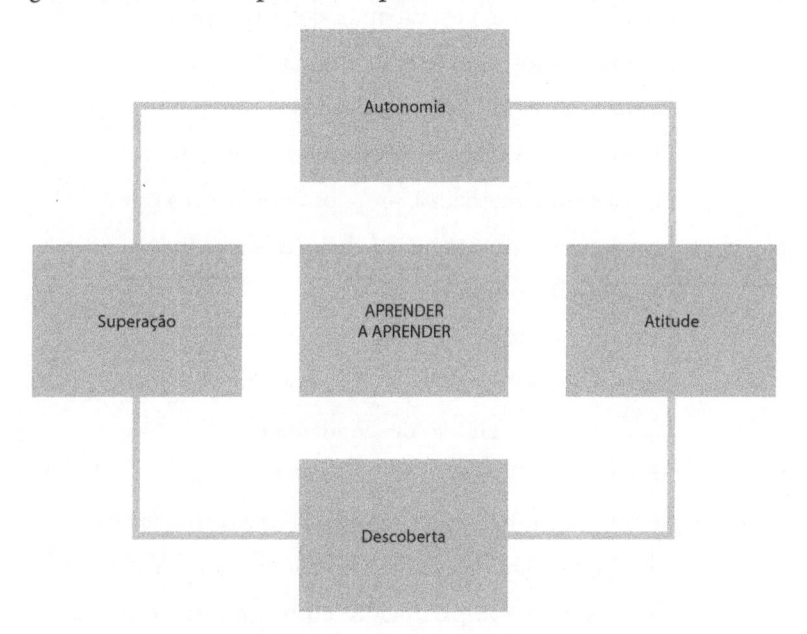

[Diagrama: APRENDER A APRENDER no centro, com Autonomia (acima), Descoberta (abaixo), Superação (esquerda) e Atitude (direita).]

A Figura 5.1 se compõe de algumas palavras que remetem à grandiosidade dessa perspectiva. Quando o indivíduo supera as ações de copiar e decorar, assume a autonomia por sua aprendizagem e tem a atitude de buscar, pesquisar, experimentar, criar, alcançando novas descobertas, novas possibilidades e novos conhecimentos.

Você pode estar se perguntando: Como é possível aprender a aprender na prática? Muitos especialistas consideram que a problematização é uma metodologia que favorece o ensino voltado às expectativas dos estudantes e, consequentemente, ao aprender a aprender. Behrens (1996, p. 89-90) enfatiza alguns pressupostos significativos para essa proposta:

- Reduzir gradativamente o espaço das aulas teóricas, procurando disponibilizar o maior tempo para a pesquisa, a busca de informações, o acesso a banco de dados, para instrumentalizar a construção de atividades e textos próprios.
- Envolver o aluno em trabalhos coletivos bem sistematizados, com responsabilidades definidas e produção individual e de grupos.
- Organizar atividades diferenciadas, de eventos que demandem criação, projetos desafiadores que provoquem enfrentamento, diálogo com autores e construção própria.
- Buscar resultados consensuais, nos seminários, nas discussões coletivas, nas proposições de grupo, como exercício efetivo de cidadania.
- Provocar a utilização dos meios eletrônicos, de informática, de multimídia e de telecomunicações com os recursos disponíveis no complexo escolar.
- Criar espaços compartilhados entre empresas e escolas para que os empresários possam ajudar a enriquecer o espaço universitário, por meio do diálogo e da aproximação.

- Valorizar mais a elaboração própria, a construção coletiva, a apresentação de textos, as propostas criativas. Dar peso menor a provas e questionários.
- Dinamizar o espaço escolar aproveitando os recursos da comunidade, a experiência vivenciada dos alunos, dos pais e dos professores.
- Impulsionar o uso da biblioteca e laboratórios. Para que os alunos pesquisem, estudem discutam e critiquem.
- Demonstrar e valorizar o lado prático dos conhecimentos propostos. Amarrar procedimentos teóricos com vivências práticas.
- Criar para o aluno, e com o aluno, uma escola que apresente um ambiente inovador, onde o aluno seja reconhecido como sujeito capaz de propor e de inovar.

Como afirmamos anteriormente, são ações desafiadoras e que rompem com o ensino reprodutivo. Pode parecer simples dar menos peso às avaliações, por exemplo, mas na prática pode haver bastante resistência. A seguir, abordaremos autoaprendizagem, a aprendizagem ativa e a aprendizagem colaborativa, nas quais a problematização tem grande destaque.

5.2
Autoaprendizagem

Comecemos esta seção com um questionamento: Quantas palavras um(a) professor(a) pronuncia em uma aula? Quantas dessas palavras são convertidas em conhecimento?

Nem sempre ter um professor à disposição implica aprendizagem. É preciso superar o autoritarismo e acreditar na autonomia das pessoas. À luz do que Pedro Demo propõe sobre a autoaprendizagem, cabe refletir sobre a disciplina, que está ligada à organização, ao cumprimento de horários e à pontualidade, e sobre a indisciplina, que está relacionada à criatividade. Você já tinha pensado na indisciplina como fator de aprendizagem? Sair da rotina e buscar outros caminhos também pode contribuir para o processo. Essa é uma forma muito pessoal de aprendizagem, que exclui esquemas rígidos de ensino.

A autoaprendizagem é fundamental para os alunos da modalidade de educação a distância, em que eles precisam estabelecer uma ação interativa com os materiais didáticos disponíveis, estimulados por ações pedagógicas de tutores e professores que atuam como mediadores.

Segundo Moran (2015), a educação a distância é um processo de aprendizagem mediado pelas mídias, no qual tutores e alunos estão separados fisicamente, mas ligados por meio da internet ou de outros meios. Para o referido autor, o objetivo da educação a distância é promover uma aprendizagem autônoma; os processos pedagógicos devem ser interativos, e os professores devem manter os alunos interessados e motivados por meio de atividades diversificadas e criativas.

Na educação a distância, habilidades de autoaprendizagem, como saber pensar, pesquisar, elaborar, questionar, perguntar e duvidar, são essenciais. O aluno deixa de ser passivo e se torna ativo. De acordo com as últimas pesquisas, o número de matrículas nessa modalidade vem crescendo consideravelmente. É claro que a autoaprendizagem não é o fator-chave para esse crescimento em si. Flexibilidade, custos e a oferta de cursos em regiões diversas são pontos relevantes, porém a permanência do aluno nos cursos a distância tem forte relação com o estímulo à autoaprendizagem.

Aqui é possível perceber uma característica do paradigma emergente, por se tratar de uma proposta de ensino na qual o sistema para o aprendizado é centrado no aluno, o professor é o mediador da aprendizagem e diversos recursos da tecnologia da informação e da comunicação estão envolvidos. A aprendizagem depende do envolvimento do aluno nas aulas, nas atividades e com o material didático.

Um aspecto importante para a autoaprendizagem é a vontade de aprender. Essa relação pode ser identificada em diversas situações cotidianas, como no caso do indivíduo que assiste a tutoriais para aprender práticas específicas, como um corte de cabelo, um artesanato ou uma receita. Nas palavras de Moran (2015, p. 28), "aprendemos mais quando conseguimos juntar todos os fatores: temos interesse, motivação clara; desenvolvemos hábitos que facilitam o processo de aprendizagem; e sentimos prazer no que estudamos e na forma de fazê-lo".

O conceito de autoaprendizagem vem sendo reconhecido por diversos especialistas. Desde 1970, a proposta da Escola da Ponte, em Portugal, contempla esse conceito: os alunos são divididos por idade, estudam em grupos heterogêneos, cumprem o programa de trabalho estabelecido pelo professor que os assessora e os estimula. No final do estudo, os alunos fazem autoavaliações. No Brasil, na década de 1960, estabeleceram-se os ginásios vocacionais.

Atualmente, uma nova proposta está despontando. Você conhece a proposta de escola sem professor? A Universidade 42, instituição voltada para a formação de programadores e desenvolvedores de *software*, fundada em Paris em 2013, abriu novas unidades nos Estados Unidos, inclusive no Vale do Silício.

> *O que chamou a atenção do mundo foi seu modelo sem livros e sem professores. Os estudantes aprendem entre si – a partir da metodologia peer to peer instruction – e com informações que buscam na internet. A sala de aula é uma ampla área preenchida com longas mesas e dezenas de computadores. Os alunos fazem as atividades quando querem: a escola fica aberta 24 horas por dia, ininterruptamente. Em linhas gerais, eles trabalham por projetos; há uma sequência de atividades obrigatórias e outra opcional, elegível conforme os interesses de cada um. Como o ritmo da realização dos projetos é ditado pelo próprio aluno, o tempo de conclusão do curso varia de dois a cinco anos.* (Kuzuyabu, 2017)

Outro modelo parecido com o da Universidade 42 pode ser encontrado na Finlândia. É uma tendência forte para a qual é preciso estar preparado – não se trata de diminuir a atuação do professor, mas de inovar na atuação da docência. Lembre-se: a formação não é o fim, e sim o caminho para uma prática pedagógica significativa.

5.3
Aprendizagem ativa

Você já ouviu alguém dizer que a escola é pouco atraente? É preciso concordar que é comum a submissão de nossas escolas, e consequentemente de nossos alunos, a modelos de aprendizagem em que esta se caracteriza por ser repetitiva, estática, padronizada e monótona. Pensar o aluno como agente faz parte do paradigma emergente e é, portanto, uma situação nova e desafiadora.

Você deve estar se perguntando: Como é possível superar o modelo em que a fala do professor está atrelada ao giz ou ao material didático (livro, apostila, *slide*) que limita o aluno a um ato estático de ouvir, ler e reproduzir?

A proposta é levar o aluno a ser um sujeito ativo no processo de aprendizagem, criando situações em que possam ocorrer trocas significativas. Por exemplo:

- Propor uma atividade prática na qual o aluno possa ser responsável pela criação do conhecimento e ainda colaborar com outros alunos.
- Com base em situações-problema, propor uma atividade de pesquisa que estimule a construção do conhecimento.
- Proporcionar conexões lúdicas, artísticas e criativas.
- Explorar a prática em laboratórios.

As possibilidades são infinitas, portanto cada professor deve se adequar à realidade de sua escola. É muito importante que o docente incentive os alunos a se tornarem ativos e a se reconhecerem como responsáveis por sua aprendizagem. Moran (2013, p. 8) explica que "não basta colocar alunos na escola. Temos de oferecer-lhes uma educação instigadora, estimulante, provocativa, dinâmica, ativa desde o começo e em todos os níveis de ensino".

Antes de prosseguir, reflita sobre a seguinte pergunta: Você está preparado para mudanças? Cada vez mais as instituições estão sendo superadas por aplicativos e serviços especializados. Considere, por exemplo, como os serviços de táxi estão sendo desafiados por *startups* de mobilidade e como a telefonia precisa se reinventar após o surgimento dos aplicativos de mensagens instantâneas – hoje é mais comum enviar uma mensagem do que telefonar para alguém.

Caminhamos em direção a uma sociedade que aprende de maneiras novas, em que alunos e professores precisam ser ativos, reinventar suas práticas. Sobre esse perfil ativo, Moran (2015, p. 52) alerta:

> *a educação escolar precisa compreender e incorporar mais as novas linguagens, desvendar os seus códigos, dominar as possibilidades de expressão e as possíveis manipulações. É importante educar para os usos democráticos, mais progressistas e participativos das tecnologias, que facilitem a evolução dos indivíduos.*

Na busca pela superação do modelo da escola tradicional, várias são as instituições de ensino que, dispostas a integrar teoria e prática, passam a adotar metodologias ativas para a aprendizagem. Conforme Berbel (2011, p. 28), as metodologias ativas "têm o potencial de despertar a curiosidade, à medida que os alunos se inserem na teorização e trazem elementos novos, ainda não considerados nas aulas ou na própria perspectiva do professor".

Na metodologia ativa, o professor assume uma posição de facilitador e o aluno é protagonista de sua aprendizagem.

A aprendizagem ativa ocorre quando o aluno interage com o assunto em estudo – ouvindo, falando, perguntando, discutindo, fazendo e ensinando – sendo estimulado a construir o conhecimento ao invés de recebê-lo de forma passiva do professor. Em um ambiente de aprendizagem ativa, o professor atua como orientador, supervisor, facilitador do processo de aprendizagem, e não apenas como fonte única de informação e conhecimento. (Barbosa; Moura, 2013, p. 55)

É importante destacar que a aprendizagem ativa se caracteriza pela interação entre conhecimentos prévios e conhecimentos novos. Nesse contexto, a valorização do saber fazer é o diferencial para os alunos. Moran (2013, p. 8) lembra que "saber pesquisar, escolher, comparar e produzir novas sínteses, individualmente e em grupo, é fundamental para ter chances na nova sociedade que estamos construindo".

No Quadro 5.1 constam alguns exemplos de metodologias ativas.

Quadro 5.1 – Metodologias ativas

Aprendizagem baseada em problemas (PBL)	Dá início à aprendizagem criando uma necessidade de resolver um problema não completamente estruturado, a exemplo do que poderia ocorrer fora da sala de aula.
Aprendizagem baseada em projetos (PBL)	São selecionados problemas mal estruturados e o professor orienta o processo de aprendizagem, conduzindo um interrogatório completo na conclusão da experiência de aprendizagem. Alunos e instrutor discutem os detalhes do conteúdo, envolvendo-se em conversas significativas, de modo semelhante ao que seria feito na vida profissional.
Peer instruction (PI)	Consiste em fazer com que os alunos aprendam enquanto debatem entre si, provocados por perguntas conceituais de múltipla escolha, direcionadas para indicar as dificuldades dos alunos e para promover uma oportunidade de pensar sobre conceitos desafiadores.
Just-in-time teaching (JiTT)	O JiTT combina a alta velocidade da comunicação via *web* com a habilidade de ajustar rapidamente o conteúdo para atender às necessidades específicas de uma classe em determinada aula.
Aprendizagem baseada em times (TBL)	É projetada para fornecer aos alunos conhecimento tanto conceitual quanto processual. Os alunos são organizados em grupos permanentes e o conteúdo do curso é organizado em grandes unidades (geralmente cinco a sete). As atribuições da equipe devem visar ao uso de conceitos da disciplina para tomada de decisão, de forma a promover a aprendizagem por meio da interação do grupo.
Métodos de caso	Baseia-se na apresentação de dilemas reais, nos quais decisões devem ser tomadas e consequências, enfrentadas.
Simulações	São instrumentos para auxiliar e complementar a aula expositiva, fornecendo oportunidades de participação interativa por meio de demonstrações.

Fonte: Elaborado com base em Rocha; Lemos, 2014.

Outro exemplo de metodologia ativa é a sala de aula invertida, na qual o aluno, que estuda os conteúdos e faz as lições de casa antes das aulas, é o ator central do processo de ensino e aprendizagem e o professor, o mediador dos saberes.

As metodologias ativas proporcionam um ambiente divertido e atraente. Aprender de um modo ativo é mais efetivo do que receber informação passivamente. Mas lembre-se: não estamos nos referindo a teorias novas, mas a metodologias atuais, que atendem às necessidades contemporâneas.

5.4
Aprendizagem colaborativa

A aprendizagem colaborativa está embasada na concepção sociointeracionista, que tem Lev Vygotsky como seu maior expoente. Essa metodologia propõe que os estudantes construam seus conhecimentos coletivamente, com base na interação com outros alunos e também com o professor.

A seguir, vejamos alguns pontos centrais na teoria sociointeracionista de Vygotsky:

a. *privilegia o ambiente social;*

b. *o desenvolvimento varia conforme o ambiente;*

c. *não aceita uma visão única, universal, do desenvolvimento humano;*

d. *a relação homem/mundo é uma relação mediada por instrumentos (símbolos);*

e. *[...] quanto mais aprendizagem, mais desenvolvimento;*

f. *a linguagem tem uma função central no desenvolvimento cognitivo [...];*

g. *pensamento e linguagem procedem de raízes genéticas diferentes, porém, ao longo do desenvolvimento, se juntam e se separam repetidas vezes;*

h. *[...]*

i. *O indivíduo percebe e organiza o real através dos dados fornecidos pela cultura;*

j. *Os sistemas de representação e a linguagem constituem os instrumentos psicológicos que fazem a mediação entre o indivíduo e o mundo.* (Teoria..., 2012)

Na perspectiva colaborativa, a aprendizagem tem origem na ação do aluno sobre os conteúdos e os professores desenvolvem estratégias que aproximam os alunos das situações reais promovendo desafio e motivação.

Vejamos agora alguns benefícios e características da metodologia colaborativa, de acordo com Torres e Irala (2015, p. 70)

- O professor é um facilitador [...];
- Ensinar e aprender são experiências compartilhadas entre professores e alunos;
- Encontrar o equilíbrio entre aula expositiva e atividades em grupo é uma parte importante do papel do professor;
- A participação em atividades em pequenos grupos ajuda no desenvolvimento de habilidades de pensamento elaboradas e aumenta as habilidades individuais para o uso do conhecimento;
- Aceitar a responsabilidade pelo aprendizado individual e em grupo aumenta o desenvolvimento intelectual;
- A articulação de ideias em pequenos grupos aumenta a habilidade de o aluno refletir sobre suas próprias crenças e processos mentais;

> - Desenvolver habilidades sociais e de trabalho em equipe por meio da construção de consenso é uma parte fundamental de uma educação liberal;
> - A sensação de pertencer a uma comunidade acadêmica pequena e acolhedora aumenta o sucesso do aluno [...].

Você deve estar se perguntando: Como é possível aplicar a metodologia de aprendizagem colaborativa na prática?

Esse processo pode ser efetivado com o uso de tecnologias ligadas à internet – por exemplo, com redes sociais e serviços de mensagens instantâneas que possibilitem a interação entre os alunos, o compartilhamento de informações e a construção de trabalhos de forma colaborativa, ultrapassando-se as barreiras de tempo e de espaço. No entanto, a aprendizagem colaborativa não está restrita ao uso dessas ferramentas.

Na perspectiva da aprendizagem colaborativa, professores e alunos precisam ser parceiros, uma vez que a grande quantidade de informação disponível não permite ao docente abranger todas as possibilidades sobre determinado conteúdo.

Behrens (2015, p. 77) sugere que professores e alunos precisam aprender como acessar a informação, onde buscá-la e o que fazer com ela. A autora reforça que "não se trata de formar alunos tendo um pensamento oportunista e neoliberal, que venha atender somente as exigências do mercado de trabalho, mas de buscar uma formação sintonizada que venha prepará-los para conquistar uma melhor qualidade de vida".

A aprendizagem colaborativa é muito mais que uma metodologia "da moda". É uma proposta na qual o aluno se beneficia da aprendizagem, podendo solucionar problemas, criar estratégias e não apenas reproduzir.

INTERATIVIDADE: ESPAÇOS E PROCESSOS

A proposta da aprendizagem colaborativa requer um novo *layout* dos espaços de aprendizagem. Um ambiente de aprendizagem colaborativa deve estar pautado em espaços educacionais dinâmicos e participativos, que ofereçam a possibilidade de interação entre os sujeitos – entre os próprios alunos, entre os alunos e o professor e entre eles e experiências exteriores.

Observe a Figura 5.2: a sala tem cadeiras fáceis de manusear, acesso a informações, o espaço para o professor não é delimitado e ele pode se movimentar com facilidade entre os grupos – é um cenário com possibilidades interativas e móveis que substituem ambientes estáticos.

Figura 5.2 – Exemplo de espaço que privilegia a interatividade

Rawpixel.com/Shutterstock

O espaço é um dos itens a serem repensados na proposta da aprendizagem colaborativa, assim como os materiais e a dinâmica das aulas. "A essência da aprendizagem significativa reside em que as ideias expressadas simbolicamente são relacionadas de modo não arbitrário, mas substancial, com o que o aluno já sabe. O material [...] é potencialmente significativo para ele" (Ausubel, 1956, p. 57 citado por Gimeno Sacristán; Pérez Gómez, 2000, p. 37).

O educador norte-americano Edgar Dale propôs o que ficou conhecido como *pirâmide do aprendizado*, dividindo a aprendizagem em dois métodos: ativo e passivo.

Na lógica de Dale, quanto mais ativa é a forma de se aprender um assunto, maiores são as chances de se reter informações. Por exemplo: montar uma peça de teatro sobre um tema específico pode ajudar o aluno a se lembrar, duas semanas depois, de até 90% do que aprendeu (contra 10% do aluno que apenas leu o conteúdo).

É preciso propor situações colaborativas para que o ensino tenha significado para o aluno. O princípio de tudo isso pode estar no planejamento. O ato de planejar o ensino com foco na aprendizagem significativa que busca o desenvolvimento integral dos alunos é fundamental para superar a transmissão de saberes unilateral.

5.5
Avaliação da aprendizagem: novas possibilidades nos paradigmas emergentes

No contexto do aprender a aprender, a avaliação deve ter um peso menor, uma vez que seu objetivo deve ser a aprendizagem, e não a punição. Trata-se, portanto, de um instrumento de aprendizagem. Ao planejá-la, o professor precisa ter objetivos claros e precisos para as questões propostas.

Suhr (2012, p. 20) também observa que uma avaliação significativa precisa ter foco no aprendizado: "Cabe à avaliação a tarefa de acompanhamento do processo de ensino e aprendizagem, orientando alunos e professores sobre os pontos falhos e as atitudes a serem tomadas para resolvê-los".

Leia as situações descritas no Quadro 5.2 e reflita se você, como aluno ou docente, se identifica ou conhece alguém que se identifique com elas.

Quadro 5.2 – Agentes da educação

Estudantes	Docentes
Os estudantes muitas vezes associam a avaliação somente às provas. Alguns deles desenvolvem até alguns "sintomas", tais como esquecimento, sudorese, uso de meios escusos como a "cola".	Os docentes se questionam sobre qual é a melhor maneira de avaliar a aprendizagem de seus alunos, se o instrumento utilizado será ou não capaz de captar o nível de aprendizagem da turma, que ações serão necessárias após a análise dos resultados, entre outros aspectos.

Fonte: Elaborado com base em Suhr, 2012, p. 18.

Essa reação dos estudantes acontece porque muitas vezes a avaliação é apenas um processo mecânico e burocrático, com a finalidade de proporcionar uma nota. "Quando realizada desse modo, a avaliação em nada contribui para o desenvolvimento do aluno, pois serve apenas para corresponder a uma exigência dos sistemas de ensino" (Suhr, 2012, p. 20).

Vamos aproveitar esse tema para refletir sobre uma situação real: Se as pessoas aprendem de forma diferente, as avaliações podem ser as mesmas para todos os alunos? Conhecer os resultados das pesquisas sobre o funcionamento e mapeamento do cérebro pode ajudar os docentes a elaborar avaliações mais significativas?

Vasconcellos (2005) alerta para a distinção entre avaliação e nota.

Quadro 5.3 – Processo avaliativo

Avaliação	Nota
A avaliação é um processo abrangente da existência humana que implica uma reflexão crítica sobre a prática, no sentido de captar seus avanços, suas resistências, suas dificuldades e possibilitar uma tomada de decisão sobre o que fazer para superar os obstáculos.	A nota, seja em forma de número (0 a 10), conceito (A, B, C) ou menção (bom, médio, ruim), é uma exigência formal do sistema educacional.

Fonte: Elaborado com base em Vasconcellos, 2005.

Assim, é possível imaginar que um dia não haverá mais atribuição de nota nas instituições escolares, nem reprovação. O fato é que a avaliação será sempre imprescindível à prática pedagógica, mas com o intuito geral de acompanhar o desenvolvimento e o aprendizado dos alunos e auxiliá-los em suas possíveis dificuldades.

> *a avaliação educacional, em geral, e a avaliação da aprendizagem, em particular, são meios e não fins em si mesmas, estando assim delimitadas pela teoria e pela prática que as circunstancializam. Desse modo, entendemos que a avaliação não se dá nem se dará num vazio conceitual, mas sim dimensionada por um modelo teórico de mundo e de educação, traduzido em prática pedagógica.* (Luckesi, 2008, p. 28)

Isso nos leva a refletir sobre a importância da avaliação para a ação docente e para além dela, considerando-se os resultados do processo de ensino e aprendizagem. Desse modo, conforme Hoffmann (2009, p. 17), podemos compreender que

> *A avaliação é a reflexão transformada da ação. Ação, essa, que nos impulsiona a novas reflexões. Reflexão permanente do educador sobre sua realidade, e acompanhamento de todos os passos do educando na sua trajetória de construção do conhecimento. Um processo interativo, através do qual educandos e educadores aprendem sobre si mesmos e sobre a realidade escolar no ato próprio da avaliação.*

Tudo isso significa que a avaliação não deve ter forma única, com questões e respostas. Uma sugestão de avaliação significativa pode ser a proposta de uma pesquisa, pois "A pesquisa pressupõe uma metodologia científica, sendo que esta assume o papel de incentivo na capacidade de construção do conhecimento" (Demo, 2013, p. 8). Moran, Masetto e Behrens (2015, p. 77) concordam: "A produção do saber nas áreas do conhecimento demanda ações que levem o professor e o aluno a buscar processos de investigação e pesquisa".

Outra sugestão de avaliação é a realização de um mapa mental. Observe, na Figura 5.4, o exemplo de uma avaliação solicitada em um curso de especialização, na disciplina de Gestão Escolar. O objetivo era identificar se os alunos haviam compreendido os conceitos e as atividades que envolvem a gestão escolar. O mapa mental foi escolhido como instrumento de avaliação por proporcionar ao aluno a possibilidade de organizar o pensamento, criar estratégias e expor o conhecimento, ainda com a possibilidade de fazer conexões.

Figura 5.4 – Mapa mental

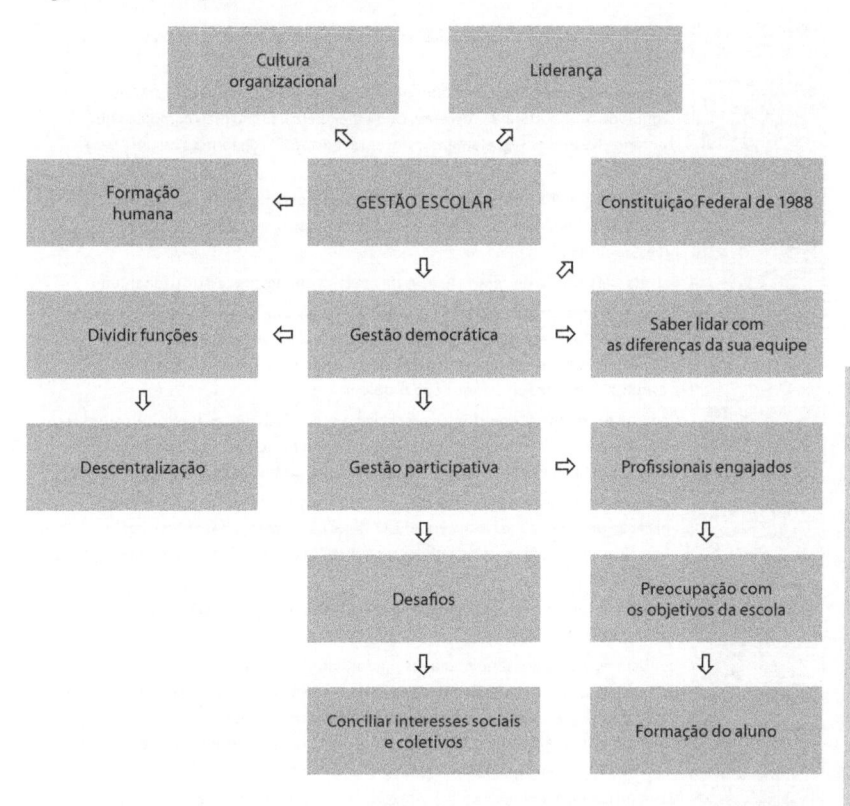

```
                    Cultura                        Liderança
                organizacional
                       ↘           ↗
   Formação        ⇐   GESTÃO ESCOLAR        Constituição Federal de 1988
    humana
                           ⇓           ↗
  Dividir funções  ⇐   Gestão democrática  ⇒   Saber lidar com
                                                as diferenças da sua equipe
      ⇓                    ⇓
 Descentralização      Gestão participativa  ⇒  Profissionais engajados
                           ⇓                        ⇓
                         Desafios                Preocupação com
                                                 os objetivos da escola
                           ⇓                        ⇓
                    Conciliar interesses sociais   Formação do aluno
                         e coletivos
```

O mapa mental pode ser utilizado como instrumento de avaliação nos diversos níveis da educação. Não existe uma regra; a definição da construção pode ser feita em conjunto entre alunos e professor, e a possibilidade de intervenção do professor como mediador na construção pode enriquecer a proposta.

Sabemos que, em algumas situações, às vezes em virtude do tempo, não é possível propor um novo modelo de avaliação. Assim, apresentaremos a seguir, no Quadro 5.4, algumas propostas para a elaboração de questões dissertativas que possibilitam uma avaliação mais assertiva, uma vez que entram em cena itens como leitura, interpretação, análise, e não apenas o ato de decorar textos.

Quadro 5.4 – Tipos de questões dissertativas

Relacionar ou enumerar	É uma exposição que exige apenas recordação, sendo uma forma simples de resposta livre.
Organizar	Também exige a lembrança de fatos, mas de acordo com determinado critério (cronológico, importância crescente, causa efeito etc.), sendo mais complexo que o anterior. Nesse caso, os elementos devem ser dispostos de forma a assumir uma estrutura.
Selecionar	Supõe uma escolha fundamentada em normas de julgamento ou apreciação. A resposta exige avaliação, mas de natureza simples, de acordo com um critério preestabelecido.
Descrever	Solicita a exposição de características de um fato, objeto, processo ou fenômeno.
Analisar	É mais que uma simples descrição, porque supõe uma análise em que o aluno expõe ideias, questiona, apresenta argumentos a favor e contra e estabelece o relacionamento entre fatos ou ideias. A resposta requer estruturação cuidadosa e propicia diferentes abordagens do problema.
Definir	Consiste em enunciar os atributos essenciais e específicos de um objeto, fato, processo ou fenômeno, indicando as categorias a que estaria associado. O aluno não deve repetir as definições contidas nos livros-textos, mas usar suas próprias palavras.
Exemplificar	Consiste em confirmar uma regra ou demonstrar uma verdade. A questão exige aplicação do conhecimento aprendido. O aluno não deve apenas apresentar definições, enunciar leis e princípios, mas aplicar o conhecimento, dando uma contribuição pessoal.
Explicar	Consiste em elucidar a relação entre fatos e ideias. A ênfase da questão deve recair na relação de causa e efeito.
Comparar	Consiste numa análise simultânea de objetos, fatos, processos ou fenômenos, para determinar semelhanças e diferenças e indicar relações. A resposta exige planificação e organização de ideias. O item pode ser enunciado de várias formas, sem necessariamente usar o termo *comparar*, solicitando apresentação de vantagens e desvantagens, semelhanças ou diferenças.
Sintetizar	Consiste em fazer um resumo, isto é, expor de forma concisa e abreviada uma ideia ou assunto, apresentando seus aspectos essenciais.
Esquematizar	O esquema ou esboço é uma espécie de síntese, mas exige uma organização do assunto em tópicos e subtópicos dando ênfase às funções e às relações entre os elementos.
Interpretar	Consiste em analisar os significados de palavras, textos e ideias ou compreender as intenções de um autor. A influência da memória é praticamente nula, pois a resposta exige basicamente a capacidade de compreender e realizar inferências.
Criticar	Consiste em julgar e supõe uma análise crítica. O aluno deve avaliar ideias, textos e livros tendo por base padrões ou critérios para proceder a uma análise crítica.

Fonte: Adaptado de Haidt, 1996, p. 302-303.

Conforme Suhr (2012), uma prova bem elaborada e com questões dissertativas deve ser breve. Ao se utilizarem questões dissertativas, é válido que a intenção seja a de proporcionar ao aluno a oportunidade de responder com as próprias palavras, sem perder a objetividade. Nessa perspectiva, é essencial estipular critérios claros para a correção das questões, e isso deve ser feito no momento de sua elaboração.

Existem inúmeras possibilidades de avaliações; expusemos aqui apenas algumas sugestões. O importante é estar ciente de que a escolha dos instrumentos de avaliação está relacionada às características do conhecimento trabalhado e à concepção de educação do docente e da instituição.

Reconhecer que a avaliação é um processo que auxilia tanto o aluno quanto o professor é fundamental para superar o aspecto burocrático de medir o aprendizado.

Síntese

Neste capítulo, consideramos as novas metodologias de ensino e aprendizagem – as metodologias ativas –, que oferecem inovação e motivação para a construção do conhecimento de uma forma conjunta entre professor e aluno. As instituições de ensino superior desempenham um papel fundamental nesse processo, cujo objetivo deve ser não somente que o aluno se aproprie do saber, mas também que desenvolva habilidades para a pesquisa e a prática no mercado de trabalho.

Destacamos que a postura colaborativa contribui de maneira significativa para a aprendizagem otimizada, processo em que ocorre a construção do conhecimento conjuntamente entre professor e aluno. O novo aluno, fruto da sociedade da informação e do conhecimento, não se encaixa nos moldes tradicionais de ensino, nos quais o professor é o detentor do conhecimento e o transmite de forma direta, por meio de aulas expositivas e muitas vezes cansativas. A busca por metodologias criativas e inovadoras abre um caminho de transformação na educação e nas salas de aula.

No que diz respeito à avaliação da aprendizagem, é preciso que se repense o antigo conceito de avaliação como forma de averiguação do nível de aprendizagem. Os docentes devem tomar medidas que contribuam para o aperfeiçoamento do processo de ensino e aprendizagem, considerando aspectos quantitativos e qualitativos, bem como os objetivos a serem alcançados ao elaborar as questões. Em resumo, é necessário reconhecer que todos, alunos e professores, estão em constante aprendizagem.

Atividades de autoavaliação

1) Analisamos as diversas possibilidades inovadoras para o professor tornar suas aulas mais significativas. Sobre o uso da avaliação em um contexto significativo, é correto afirmar:
   I. O professor deve proporcionar aos alunos a busca e a investigação para a produção de conhecimento.
   II. O professor deve se preocupar apenas com a transmissão do conhecimento.
   III. O professor deve usar a avaliação apenas para medir o conhecimento dos alunos.
   IV. O conhecimento precisa ser construído de modo colaborativo, aproveitando-se ao máximo as potencialidades dos alunos.

   Agora, assinale a alternativa certa:
   a. As afirmativas I e IV estão corretas.
   b. As afirmativas I e II estão corretas.
   c. As afirmativas II e IV estão corretas.
   d. Todas afirmativas estão corretas.

2) As metodologias ativas oferecem inovação e motivação para a construção do conhecimento de uma forma conjunta entre professor e aluno. Para além da tecnologia, o professor inovador precisa desenvolver algumas características. Sobre essas características, é correto afirmar:
   I. O professor precisa desenvolver o senso de prioridade, ou seja, saber o que é mais importante para o aprendizado de um estudante.
   II. O professor precisa pensar no bem-estar de outras pessoas e fazer o máximo para ajudá-las.

III. Um professor inseguro não apresenta característica inovadora.
IV. Para conseguir inovar, é possível que o professor tenha de correr alguns riscos.

Agora, assinale a alternativa certa:
a. As afirmativas I, III e IV estão corretas.
b. As afirmativas I e II estão corretas.
c. As afirmativas II e IV estão corretas.
d. Todas as afirmativas estão corretas.

3) Quando analisamos a prática educativa, é necessário entender que o processo de ensino e aprendizagem está relacionado também à avaliação. Sobre a avaliação, é correto afirmar:

I. Ao elaborar uma avaliação, o professor deve estipular critérios claros para a correção das questões.
II. A avaliação deve ser realizada predominantemente com vistas à exatidão da reprodução do conteúdo.
III. Criticar, organizar e exemplificar são tipos de questões dissertativas que superam o ato de decorar.
IV. Ao se utilizarem questões dissertativas, é válido que a intenção seja proporcionar ao aluno a chance de responder com suas próprias palavras.

Agora, assinale a alternativa certa:
a. As afirmativas I, II e IV estão corretas.
b. As afirmativas I, III e IV estão corretas.
c. As afirmativas II e III estão corretas.
d. Somente as afirmativas III e IV estão corretas.

4) A aprendizagem colaborativa é uma tendência potencializada pelas novas tecnologias da informação e comunicação (TICs), com a possibilidade de comunicação entre sujeitos separados no espaço. Sobre a aprendizagem colaborativa, é correto afirmar:
   a. Na perspectiva colaborativa, a ação dos alunos sobre os conteúdos e a ação de intervenção dos professores são fundamentais.
   b. A aprendizagem colaborativa proporciona individualidade ao ensino.
   c. A aprendizagem colaborativa favorece o distanciamento entre docente e discente.
   d. A aprendizagem colaborativa só é possível na educação a distância.

5) Aprender de um modo ativo é mais efetivo do que receber informação passivamente. Quanto às possibilidades de aprendizagem, é correto afirmar:
   I. Participar de atividades em grupo ajuda no desenvolvimento de habilidades de pensamento e consequentemente na criação do conhecimento.
   II. A sensação de pertencer a uma comunidade acadêmica pequena e acolhedora aumenta o sucesso do aluno.
   III. Ensino e aprendizagem são experiências individuais e separadas de professores e alunos.
   IV. Proporcionar conexões lúdicas, artísticas e criativas potencializa a aprendizagem.

   Agora, assinale a alternativa certa:
   a. As afirmativas I, III e IV estão corretas.
   b. Somente as afirmativas I e III estão corretas.
   c. As afirmativas I, II e IV estão corretas.
   d. As afirmativas III e IV estão corretas.

Atividades de aprendizagem

Questões para reflexão

1) As instituições de ensino estão aplicando novas metodologias de ensino e aprendizagem, também conhecidas como *metodologias ativas*. Caso seja professor ou tenha planos de ser, avalie se você está preparado para atuar com essas metodologias ativas.

2) A tendência dos processos de ensino é que se tornem cada vez mais virtuais, colocando o aluno em condições de simulação. Você acredita que todos os alunos se adaptam a essa proposta de ensino? Justifique sua resposta.

Atividade aplicada: prática

1) Na perspectiva da aprendizagem colaborativa, os alunos devem ter condições de contribuir para o processo de construção do conhecimento, que precisa ser propiciado pelo professor. Escolha um tema e um nível de ensino (educação básica ou ensino superior) e elabore uma proposta de aula que estimule a aprendizagem colaborativa.

6

Planejamento educacional: organização e estratégia

Neste último capítulo, trataremos do planejamento educacional como meio de organização e estratégia da prática docente – um instrumento direcional.

Inicialmente, refletiremos sobre o que é o planejamento no âmbito educacional, ou seja, como ele é e como deve ser estruturado para garantir uma boa base ao trabalho dos professores e também ao cotidiano escolar de maneira mais ampla. Examinaremos também as principais estratégias pedagógicas relacionadas ao planejamento. Além de analisarmos alguns modelos e a melhor forma de desenvolvê-los, abordaremos a gestão do tempo no processo de planejar, bem como a ação efetiva desse trabalho com os alunos e a escola.

É importante que você reflita sobre alguns questionamentos antes de começar seu estudo:

- O que é planejamento?
- Como e quando se deve aplicar o planejamento no contexto escolar?
- Quais critérios devem ser considerados para desenvolver um bom planejamento?
- Qual é o reflexo da ação docente embasada em um bom planejamento?

6.1
Planejamento escolar: organização

Na contemporaneidade, em meio à sociedade do conhecimento e ao advento das tecnologias, mudanças em todos os âmbitos sociais são constantes, em uma realidade que se caracteriza pela dinamicidade e pela mutabilidade. Nesse contexto, é importante considerar o planejamento como forma de organizar a vida pessoal e o trabalho, estabelecendo-se um norte para alcançar os objetivos traçados.

O planejamento faz parte da vida humana – de um modo mais rudimentar em tempos anteriores, hoje com estratégias e elementos mais elaborados. O que vale ressaltar é que maneiras de planejar sempre existiram, com foco em organizar e principalmente buscar melhorias. Segundo Vasconcellos (2010, p. 68),

> *A alteração da realidade é o grande desafio do homem, uma vez que por esta atividade o ser humano continua se fazendo, se constituindo, se transformando também. Nesse contexto mais amplo é que se coloca a tarefa de planejar.*
>
> *Portanto, se o homem se constitui enquanto tal por sua ação transformadora no mundo pela mediação de instrumentos, o planejamento – quando instrumento metodológico – é um privilegiado fator de humanização! Se o trabalho está na base da formação humana, e tem uma dimensão de consciência e intencionalidade, podemos concluir que o planejar é elemento constituinte do processo de hominização: o homem se faz pelo projeto!*

Sob essa perspectiva, é relevante apresentar a importância do planejamento para a ação do professor em sala de aula e também como instrumento administrativo, seja no trabalho, seja na vida pessoal. Primeiramente, trataremos do conceito geral de planejamento e, na sequência, do contexto atual da educação, no que se refere ao âmbito profissional, sob a ótica das instituições escolares e da prática docente.

6.1.1 Considerações gerais

O planejamento advém da ação de planejar algo com foco no futuro, determinando-se objetivos e estratégias de ação de tal forma que, ao concluir o planejado, obtenha-se êxito no alcance dessas metas e objetivos. Assim, "o ato de planejar é a atividade intencional pela qual se projetam fins e se estabelecem meios para atingi-los" (Luckesi, 2008, p. 105).

Portanto, o planejamento apresenta-se como a organização de um processo para chegar a uma ação eficaz, ou seja, organizada, intencional, significativa e que atenda ao problema identificado, de modo a alcançar os resultados esperados com esse processo.

Sobre esse assunto, vale considerar o que afirma Chiavenato (2014, p. 16).

> *O planejamento produz planos que se baseiam em objetivos e nos melhores procedimentos para alcançá-los adequadamente. Assim, planejar envolve solução de problemas e tomada de decisões quanto a alternativas para o futuro. O planejamento é, portanto, o processo de estabelecer objetivos e o curso de ação adequado para alcançá-los da melhor maneira possível.*

Como meio de alcançar os objetivos estabelecidos, o bom planejamento depende do cuidado do profissional em desenvolvê-lo atenciosamente, com base em uma problemática percebida ou preestabelecida, além de considerar objetivos, estratégias e tempo alcançáveis. O planejamento configura-se como um momento de organização e igualmente de pesquisa e reflexão sobre o que se almeja mudar ou alcançar.

Outro aspecto relevante é a diferenciação entre os termos *planejamento*, *plano* e *projeto*. Embora os três remetam à ideia de organização de uma ação futura, é possível diferenciá-los. Como definição geral de *planejamento*, Luckesi (2008, p. 112) aponta:

- *é um conjunto de ações coordenadas entre si, que concorrem para a obtenção de um certo resultado desejado;*

- *é um processo que consiste em preparar um conjunto de decisões tendo em vista agir, posteriormente, para atingir determinados objetivos;*
- *é uma tomada de decisões, dentre possíveis alternativas, visando atingir os resultados previstos de forma mais eficiente e econômica.*

Assim, o planejamento é a elaboração e organização de ações a serem desenvolvidas tendo em vista o que se pretende alcançar, caracterizando-se basicamente pelo processo de tomada de decisões, pesquisa, análise e reflexão. Para que o planejamento se efetive, é importante definir o caminho para alcançar os objetivos traçados. Nesse caminho, entre as práticas e os direcionamentos do projeto, enquadra-se a elaboração de planos e também do projeto a ser seguido, que vão compor o todo do planejamento.

De maneira geral, o plano é o registro, o guia que contempla, entre outras considerações, o que, como e quando será feito. É nesse momento que as ações são efetivamente traçadas para alcançar os objetivos. Conforme Vasconcellos (2010, p. 80),

> *Planejamento é o processo, contínuo, dinâmico e flexível, de reflexão, tomada de decisão, colocação em prática e acompanhamento. Plano é o produto dessa reflexão e tomada de decisão, que, como tal, pode ser explicitado em forma de registro, de documento ou não. [...] O plano corresponde a um certo momento de amadurecimento e de clareza no processo de planejamento.*

Assim como o plano, o projeto tem o foco nessa ação futura, sistematizando aspectos organizacionais para a prática das ações estabelecidas: "o objetivo principal de um projeto é atingir as metas e os objetivos propostos, dentro dos limites financeiros estabelecidos, no prazo acordado, com a qualidade desejada, respeitando regras e regulamentos, e sempre seguindo os melhores padrões éticos" (Calôba; Klaes, 2016, p. 3).

No contexto educacional, um grande exemplo é o projeto político-pedagógico, que registra, analisa e estabelece estratégias e metas para a escola em todos os seus aspectos. Vale ressaltar que tanto o plano quanto o projeto são formas de organizar ações futuras e por isso podem ser considerados também como formas de planejá-las.

6.1.2 Contexto educacional

No que tange ao espaço educacional, é possível verificar que, conforme as mudanças tecnológicas e sociais ocorrem, também mudam algumas características do processo educativo, que precisa acompanhar as mudanças e tendências a fim de promover um ensino atrativo e atualizado para seus alunos. Por esses e outros motivos, é sabido que, na sociedade do conhecimento, o planejamento no âmbito educacional é muito importante para o funcionamento da escola como um todo e para o bom desempenho do trabalho docente.

De acordo com Libâneo (2008, p. 222), "o planejamento é um processo de racionalização, organização e coordenação da ação docente, articulando a atividade escolar e a problemática do contexto social". Destaca-se aqui a importância de um planejamento bem articulado com a realidade e da conscientização de que o planejamento não promove, por si, milagres na educação, mas, quando bem elaborado, estruturado e colocado em prática, pode contribuir não somente para o sucesso do processo de ensino e aprendizagem como também para melhorias na sociedade.

É necessário reconhecer o potencial do planejamento como método, técnica de organização e sistematização das ideias de trabalho em ações práticas futuras, com objetivos a serem atingidos. Isso significa que não basta planejar, é essencial ser criterioso e realista nesse processo, considerando-se a realidade presente e a que se almeja alcançar, com objetivos e metas alcançáveis e bem estruturadas em um plano de ação possível de ser posto em prática. Como explica Vasconcellos (2010, p. 81), "planejar é elaborar o plano de mediação, da intervenção na realidade, aliado à exigência, decorrente de sua intencionalidade, de colocação deste plano em prática".

Nesse sentido, o planejamento é um grande aliado do professor e da escola como um todo, entendendo-se que "planejar no seu conjunto implica, pois, a passagem das ideias (transformadas) para a transformação da realidade" (Vasconcellos, 2010, p. 63). O planejamento e seus componentes tornam-se fontes da promoção para a mudança, daí a necessidade de planejar com comprometimento, estabelecendo-se objetivos claros e alcançáveis, juntamente com pesquisas, reflexão e a avaliação após o início de sua implementação.

A aplicação do planejamento acarretará uma mudança da situação atual para uma realidade objetivada. Assim, mediante contribuições de Gandin e Gemerasca (2004, p. 15), é possível compreender que o planejamento é importante em razão de "servir de suporte para o encaminhamento das mudanças que se fazem necessárias; ajudar a concretizar aquilo que se almeja e, em certa medida, criar, para nós, as possibilidades de interferir na realidade".

É fato que o planejamento é algo essencial para que mudanças, adaptações e melhorias ocorram em todos os níveis da sociedade. Na escola, isso fica bastante evidente quando se considera o grande desafio enfrentado pelos professores na atualidade: para formar indivíduos reflexivos e críticos com dinamicidade, é imprescindível dispor de um bom planejamento e utilizar todos os recursos possíveis para tornar a aula mais atrativa e, consequentemente, levar os alunos a compreender a importância do conhecimento.

O planejamento participativo é uma ferramenta essencial no processo de formação social com vistas a mudanças na sociedade. No contexto escolar, é imprescindível à boa gestão e ao processo eficaz de ensino e aprendizagem, que possibilitem à escola ser um espaço democrático e participativo. Vale ressaltar que o planejamento ocorre em níveis distintos e visa abranger todas as particularidades do funcionamento de uma instituição escolar, de maneira mais ampla, e do aprendizado do aluno, de modo a acompanhar a inovação, a dinamicidade e a interatividade da sociedade atual.

Figura 6.1 – Níveis de planejamento

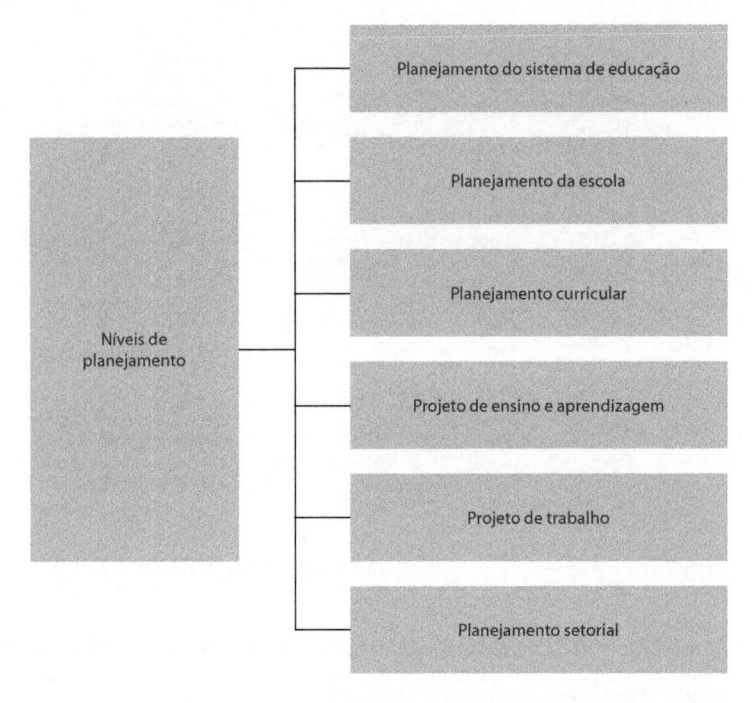

```
                    ┌── Planejamento do sistema de educação
                    │
                    ├── Planejamento da escola
                    │
                    ├── Planejamento curricular
   Níveis de  ──────┤
   planejamento     ├── Projeto de ensino e aprendizagem
                    │
                    ├── Projeto de trabalho
                    │
                    └── Planejamento setorial
```

Fonte: Elaborado com base em Vasconcellos, 2010.

6.2
Estratégias pedagógicas

Levando-se em consideração o planejamento e a gestão da escola, é importante compreender como chegar às melhores estratégias e meios para alcançar os resultados esperados. Analisaremos como é possível obter tais resultados tomando como base o modelo de planejamento estratégico aplicado ao contexto da escola vista como empresa.

Existem tipos diferentes de planejamento, que variam conforme sua abrangência e seu período de aplicação (curto, médio e longo prazo), entre outros fatores, como indica a Figura 6.2. Aqui, vamos nos ater ao planejamento estratégico.

Figura 6.2 – Os três níveis de planejamento

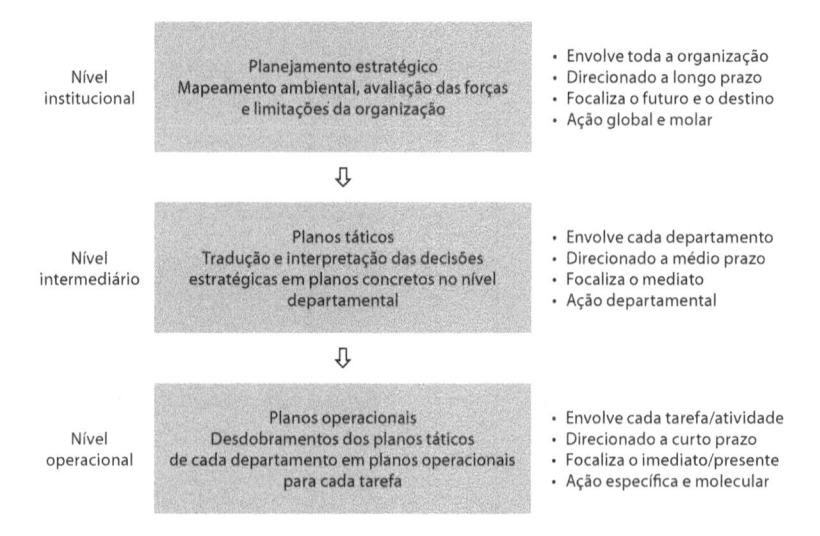

Nível institucional	**Planejamento estratégico** Mapeamento ambiental, avaliação das forças e limitações da organização	• Envolve toda a organização • Direcionado a longo prazo • Focaliza o futuro e o destino • Ação global e molar
Nível intermediário	**Planos táticos** Tradução e interpretação das decisões estratégicas em planos concretos no nível departamental	• Envolve cada departamento • Direcionado a médio prazo • Focaliza o mediato • Ação departamental
Nível operacional	**Planos operacionais** Desdobramentos dos planos táticos de cada departamento em planos operacionais para cada tarefa	• Envolve cada tarefa/atividade • Direcionado a curto prazo • Focaliza o imediato/presente • Ação específica e molecular

Fonte: Adaptado de Chiavenato, 2014, p. 199.

Como breve análise do conceito, Chiavenato (2014, p. 199) explica:

> *O planejamento estratégico é um processo organizacional compreensivo de adaptação por meio da aprovação, tomada de decisão e avaliação. Procura responder a questões básicas, como por que a organização existe, o que ela faz e como ela faz. O resultado do processo é um plano que serve para guiar a ação organizacional [...].*

O planejamento estratégico é desenvolvido para o longo prazo e apresenta uma reflexão geral sobre a instituição. No que tange à escola, um bom exemplo de planejamento estratégico é o projeto político-pedagógico, que, além de conter toda a história e estrutura da instituição, prevê ações de curto, médio e longo prazo em todos os setores que a compõem. É o documento que rege todo o funcionamento da instituição escolar.

De acordo com Chiavenato (2014), devem ser considerados alguns parâmetros para o planejamento estratégico, conforme consta na Figura 6.3.

Figura 6.3 – Parâmetros para o planejamento estratégico

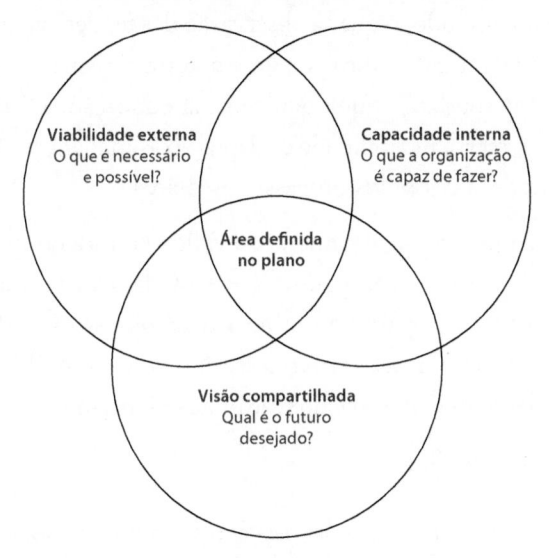

Viabilidade externa
O que é necessário e possível?

Capacidade interna
O que a organização é capaz de fazer?

Área definida no plano

Visão compartilhada
Qual é o futuro desejado?

Fonte: Adaptado de Chiavenato, 2014, p. 200.

Tais parâmetros correspondem basicamente a como o planejamento será pensado e desenvolvido e quais são as principais questões norteadoras de seu início, desenvolvimento e controle. Essa forma de planejamento compreende um processo participativo no qual várias pessoas – no caso das empresas, vários profissionais de áreas distintas; nas escolas, no que diz respeito ao projeto político-pedagógico, todos os seus atores, inclusive a comunidade escolar – podem se envolver na elaboração e no acompanhamento das práticas propostas.

A elaboração de um planejamento estratégico contempla uma série de fatores: apresentação geral e características; missão, visão e valores; objetivos gerais e específicos; análise situacional, que pode ser feita tomando-se como base a matriz SWOT (forças, fraquezas, oportunidades e ameaças); elaboração de estratégias; avaliação, entre outros – tudo dependerá da especificidade do planejamento, isto é, se ele se refere a uma escola, a uma organização empresarial etc.

No contexto educacional, a forma de gestão, seja da sala de aula, seja da escola como um todo, requer a observação das tendências e demandas atuais. A democratização deve superar o autoritarismo e é necessário acompanhar as mudanças que ocorrem na educação. Dinamicidade, interação, integração, flexibilidade e adaptação às mudanças são aspectos essenciais para o sucesso dos processos escolares.

No que se refere ao planejamento, é válido considerar que, além de ser um grande desafio acompanhar essas mudanças, é cada vez mais importante ter cautela para não haver extremos. Isso significa que se deve primar pela organização sem rigidez extrema – o equilíbrio é o foco para o bom desenvolvimento e aplicação dos planejamentos escolares.

Para Moran (2013, p. 32),

> *Avançaremos mais se soubermos adaptar os programas previstos às necessidades dos alunos, criando conexões com o cotidiano, com o inesperado; se transformarmos a sala de aula em uma comunidade de investigação. Avançaremos mais se aprendermos a equilibrar planejamento e criatividade, organização e adaptação a cada situação, a aceitar os imprevistos, a gerenciar o que podemos prever e a incorporar o novo, o inesperado.*

Para lidar com a dinamicidade do cotidiano escolar, é essencial o desenvolvimento de planejamentos flexíveis e que inovem o pensar educativo. Portanto, o trabalho conjunto da equipe pedagógica é relevante para a elaboração de estratégias eficazes e que possam ser adaptadas sem prejuízos à qualidade do ensino e da ação escolar e docente envolvida.

Esse equilíbrio é importante, uma vez que as mudanças e necessárias adaptações a novas situações com que o professor e a escola se deparam são constantes. Para Libâneo (2008, p. 178), "cada aula é uma situação didática específica, na qual objetivos e conteúdos se combinam com métodos e formas didáticas, visando fundamentalmente propiciar a assimilação ativa de conhecimentos e habilidades pelos alunos".

O pensar estratégico é desenvolvido à medida que os atores escolares se propõem a atuar para a mudança, mantendo a inovação que tanto motiva os processos escolares. Isso significa que não se pode planejar a ação sem objetivos claros e que envolvam o replanejamento como forma de adaptação às mudanças necessárias e percebidas no decorrer do processo. Segundo Cervi (2013, p. 52),

> *O planejamento educacional, entendido como um exercício de simplificação da realidade no qual são tomadas decisões antecipadas sobre um futuro desejável, passível de acontecer, inclui um componente de criação que deve ser realçado antes de qualquer outro. Assim, planejar é mais do que fazer previsões, é mais do que ajustar meios a resultados predeterminados. Planejar, na escola, implica, principalmente, criar soluções, tomar decisões [...].*

Ficam evidentes a dinamicidade e flexibilidade do planejamento no âmbito escolar, pois, para além do planejamento em si, cabe a análise de sua aplicabilidade e avaliação para verificar se está no caminho certo e se os objetivos serão de fato alcançados. Para essa análise, é necessário retomar o planejamento e modificá-lo sempre que for necessário, pois somente assim será possível acompanhar as mudanças, as demandas e os imprevistos. Portanto, o planejamento não é um fim em si, mas uma parte do processo que precisa ser revista e replanejada sempre que se perceber a necessidade dessas ações. De acordo com Libâneo (2008, p. 221),

> *O planejamento escolar é uma tarefa docente que inclui tanto a previsão das atividades didáticas em termos da sua organização e coordenação em face dos objetivos propostos, quanto a sua revisão e adequação no decorrer do processo de ensino. O planejamento é um meio para se programar as ações docentes, mas é também um momento de pesquisa e reflexão intimamente ligado à avaliação.*

Com base em tais considerações, é possível inferir que o planejamento se torna uma ferramenta para a elaboração de estratégias por parte dos envolvidos. No caso dos professores, o planejamento é um meio de organizar e nortear o trabalho e um suporte para, conforme surjam novas demandas, seja para potencializar o ensino, seja para sanar falhas percebidas, rever e readequar seu desenvolvimento, bem como avaliar se determinadas estratégias foram satisfatórias ou não e o que precisa ser revisto para melhorar cada vez mais a prática.

Novas estratégias podem ser estruturadas pelo docente sempre que necessário, em um processo constante de pesquisa, reflexão, elaboração de estratégias, aplicação, avaliação, (re)planejamento, e assim sucessivamente, em prol da promoção de um processo de ensino e aprendizagem dinâmico, motivador, participativo e eficaz.

6.3
Modelos de planejamento

Nesta seção, vamos analisar os diferentes modelos de planejamento no contexto educacional contemporâneo. Para isso, é importante considerarmos os seguintes aspectos: a existência de modelos prontos de planejamento; os modelos mais utilizados; a possibilidade de o professor adaptá-los em sua prática; a seleção do melhor modelo de planejamento no contexto educacional contemporâneo.

De início, é importante relembrar que o planejamento ocorre em vários níveis dentro da instituição escolar – na análise da escola como um todo, no planejamento do currículo, do trabalho docente e do processo de ensino e aprendizagem. Segundo Luckesi (2008, p. 115), independentemente da abrangência e do nível do planejamento,

> *importa que a prática de planejar em todos os níveis – educacional, curricular e de ensino – ganhe a dimensão de uma decisão política, científica e técnica. É preciso que ultrapasse a dimensão técnica, integrando-a numa dimensão político-social. [...] Nesse sentido, reconhecer o mundo contemporâneo, suas necessidades e suas aberturas para o futuro é importante. A compreensão e a assunção do presente em função do futuro é que nos darão a dimensão político-social do nosso ato de planejar.*

O planejamento, portanto, está além da mera organização, pois envolve pesquisa, busca por estratégias adequadas, formação e foco no intuito do processo de ensino e aprendizagem, que é formar cidadãos críticos, reflexivos e atuantes no meio em que vivem. Além disso, é preciso considerar as mudanças advindas da contemporaneidade e uma gestão democrática, participativa e flexível, para que seja possível adaptá-lo a toda e qualquer mudança que pareça contribuir para a maior eficácia desse processo.

Como desenvolver um planejamento dinâmico, flexível, inovador, que acompanhe as mudanças sociais e tecnológicas e atenda ao conteúdo proposto e às práticas metodológicas vigentes? A resposta para tal questionamento é a adaptação. Há, sim, modelos de planejamento a serem seguidos, no entanto, para cada realidade, podem ser realizadas adaptações, desde que atendam aos itens essenciais de um planejamento completo.

Nesse sentido, o processo de planejar, sobretudo na condição de registro e documento de ações escolares, deve conter algumas etapas, segundo Vasconcellos (2010, p. 157): "planejar, executar e avaliar". Ainda segundo o autor, "na prática de muitas instituições, vemos também essas etapas serem propostas para o (re)planejamento: avaliação-planejamento-desenvolvimento".

É relevante não fragmentar tais etapas em demasia, pois isso pode acarretar o excesso de formalidade, comprometendo o processo reflexivo, tão importante para esse momento, uma vez que cada etapa – sobretudo a avaliação – deve ser significativa e possibilitar a reflexão sobre a ação. Assim, para Vasconcellos (2010, p. 157),

> *levando isso em consideração, às vezes, é mais produtivo iniciar a elaboração do planejamento a partir daquilo que emergiu como perspectiva da ação (que é a síntese que no momento o sujeito está tendo, expressão mais ou menos consciente de sua avaliação da realidade e de seus objetivos), do que ficar preso a uma avaliação formal da prática.*

Tais aspectos levam à compreensão de que tanto o planejamento, de maneira geral, como seus componentes precisam estimular os profissionais a refletir sobre a situação atual, a situação futura pretendida e o processo avaliativo para verificar se será de fato possível alcançar os objetivos determinados – e, caso a conclusão seja negativa, o que deve ser feito para alcançá-los. Toda essa prática carece de significado, intencionalidade e reflexão.

Outra maneira de planejar, muito utilizada nos processos voltados à área da administração, mas também a diversas outras áreas profissionais, incluindo planejamentos pessoais, é a ferramenta PDCA, sigla em inglês derivada dos termos *plan* (planejar), *do* (executar), *check* (verificar) e *act* (agir). O funcionamento dessa ferramenta ocorre em ciclo. De acordo com Calôba e Klaes (2016, p. 2),

- *Planejar é estabelecer metas e processos para se atingir o objetivo;*
- *Executar é pôr os processos em execução para se atingir o objetivo e, ao longo de sua execução, deve-se;*
- *Monitorar para acompanhar a execução dos processos comparando seus resultados às metas estabelecidas e, quando as metas não são atingidas, é necessário;*
- *Agir para se corrigir o processo para que seja possível, por fim, atingir o objetivo.*

O PDCA (ver Figura 6.4) pode ser uma ferramenta aliada nos processos de planejamento escolar (na elaboração do plano de ensino, do projeto político-pedagógico ou do planejamento de aula), desde que aplicada adequadamente para que promova reflexão voltada à correção de falhas em sua aplicação.

Figura 6.4 – Ciclo PDCA

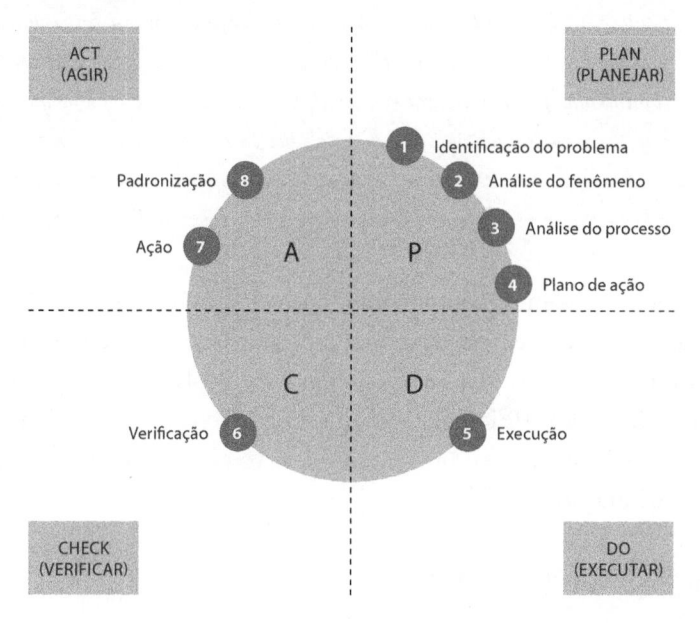

```
        ACT                              PLAN
       (AGIR)                          (PLANEJAR)

                          ①  Identificação do problema
      Padronização  ⑧     ②  Análise do fenômeno
                                ③  Análise do processo
         Ação   ⑦    A   P
                                ④  Plano de ação

                     C   D
      Verificação  ⑥     ⑤  Execução


       CHECK                             DO
     (VERIFICAR)                       (EXECUTAR)
```

Fonte: Adaptado de Bezerra, 2018.

Examinadas algumas estratégias para a elaboração do planejamento, é importante analisar alguns dos planejamentos desenvolvidos pela escola, a iniciar pelo projeto político-pedagógico (PPP). Conforme Veiga (2008, p. 14),

> o projeto político-pedagógico tem a ver com a organização do trabalho pedagógico em dois níveis: como organização da escola como um todo e como organização da sala de aula, incluindo sua relação com o contexto social imediato, procurando preservar a visão de totalidade. Nesta caminhada será importante ressaltar que o projeto político-pedagógico busca a organização do trabalho pedagógico da escola na sua globalidade.

O PPP é o planejamento que documenta todo o funcionamento da instituição escolar. Nele são organizados os processos pedagógicos, com participação de todos os que compõem a escola – gestor, funcionários, pais e comunidade escolar –, caracterizando um processo democrático de gestão e planejamento.

O Projeto Político-Pedagógico (ou Projeto Educativo) é o plano global da instituição. Pode ser entendido como a sistematização, nunca definitiva, de um processo de Planejamento Participativo, que se aperfeiçoa e se concretiza na caminhada, que define claramente o tipo de ação educativa que se quer realizar. É um instrumento teórico-metodológico para a intervenção e mudança da realidade. É um elemento de organização e integração da atividade prática da instituição neste processo de transformação. (Vasconcellos, 2005, p. 160)

Portanto, podemos compreender que o PPP visa melhorar a qualidade do ensino e que nele se apresentam todos os componentes físicos, estruturais, administrativos e pedagógicos da escola e de seus processos. Vale ressaltar que o PPP não é fixo, mas dinâmico e, por isso, demanda revisão e replanejamento constantes. Observe na Figura 6.5 o processo para a elaboração do PPP.

Figura 6.5 – Elaboração do PPP

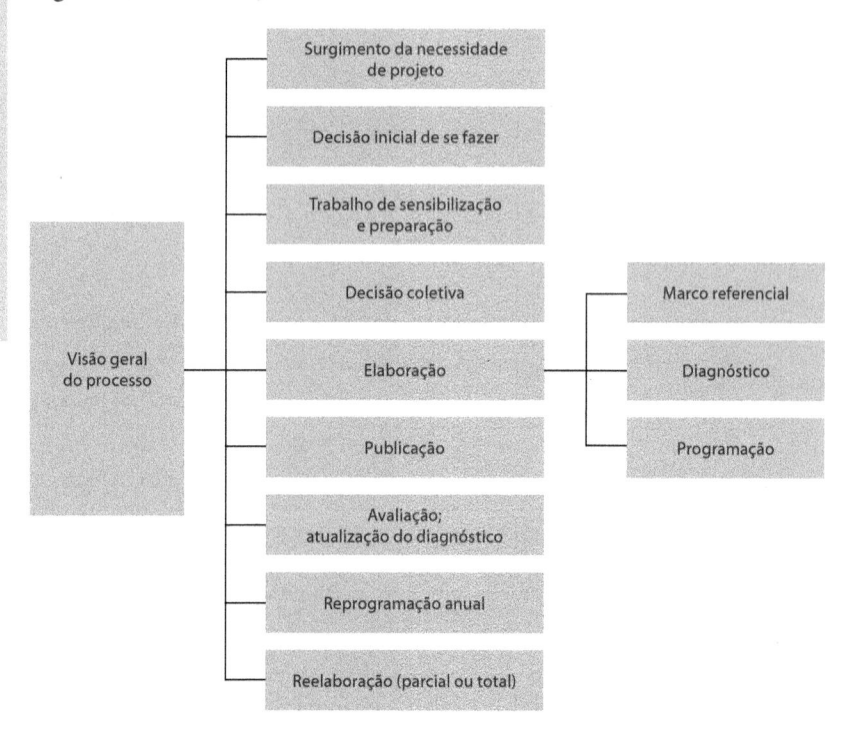

Visão geral do processo:
- Surgimento da necessidade de projeto
- Decisão inicial de se fazer
- Trabalho de sensibilização e preparação
- Decisão coletiva
- Elaboração
  - Marco referencial
  - Diagnóstico
  - Programação
- Publicação
- Avaliação; atualização do diagnóstico
- Reprogramação anual
- Reelaboração (parcial ou total)

Fonte: Elaborado com base em Vasconcellos, 2005.

A elaboração do PPP é desenvolvida com base em três itens, conforme Vasconcellos (2005). O marco referencial é o primeiro deles, subdividido em marco situacional, marco filosófico ou doutrinal e marco operativo. Com dimensões pedagógicas, comunitárias e administrativas, os referidos marcos representam basicamente o foco e como alcançá-lo. O processo tem início, pois, com a análise situacional e dos encaminhamentos para concretizar os objetivos traçados, considerando-se todos os setores que compõem a escola.

Os outros dois itens da elaboração do PPP são o diagnóstico, caracterizado pela pesquisa e percepção das necessidades da instituição, e a programação, que são as ações estratégicas para alcançar os objetivos determinados.

Além do PPP, as escolas elaboram o regimento escolar, que, segundo Resende (2008, p. 78), "é o documento básico que contém as determinações legais e as linhas norteadoras da organização formal da escola e deve explicar o modelo de gestão e o projeto político-pedagógico nas relações sociais dele decorrentes". O regimento escolar representa, assim, a normativa, as regras de funcionamento da instituição escolar e as leis que a regem; tem caráter obrigatório e deve estar de acordo com a legislação educacional vigente, além de conter em sua essência o caráter democrático da educação.

Outra forma de planejamento é o plano de ensino, também conhecido como *plano de curso* ou *plano de trabalho docente*. Para Gonçalves (2003, p. 71), "o plano é o guia do professor, devendo ser simples, lógico, funcional, flexível, contextualizado e interdisciplinar". É o plano de ensino, segundo Libâneo (2008), que representa, de maneira geral, uma espécie de roteiro para a organização dos conteúdos didáticos ao longo de determinado período. O plano de ensino tem como base a justificativa da disciplina em conformidade com os objetivos da escola, por isso contempla, além dos objetivos, os conteúdos a serem trabalhados e suas subdivisões, o tempo previsto para cada etapa e a metodologia a ser utilizada.

Alguns critérios são essenciais ao plano de ensino, mas isso não significa que há um modelo único para desenvolvê-lo. No Quadro 6.1, apresentamos um modelo de plano de ensino.

Quadro 6.1 – Modelo de plano de ensino

Conteúdos	Justificativa	Objetivos gerais e específicos	Tempo estimado	Desenvolvimento metodológico	Avaliação	Referências

Para finalizar, é importante mencionar o plano de aula, que é desenvolvido pelo professor e deve ser revisado por ele sempre que necessário. Vale destacar que o plano de aula é desenvolvido e direcionado para cada turma, adequando-se a suas necessidades e potencialidades de modo a primar pelo ensino de qualidade. Como explica Libâneo (2008, p 241),

> *O plano de aula é um detalhamento do plano de ensino. As unidades e subunidades (tópicos) que foram previstas em linhas gerais são agora especificadas e sistematizadas para uma situação didática real. A preparação das aulas é uma tarefa indispensável e, assim como o plano de ensino, deve resultar num documento escrito que servirá não só para orientar as ações do professor como também para possibilitar constantes revisões e aprimoramentos de ano para ano.*

O plano de aula deve ser um grande aliado do professor em sua prática docente, pois, além de organizar suas ações, exige que se mantenha atualizado sobre os conhecimentos, os métodos e as tecnologias para promover uma aula atrativa e adaptada às demandas da turma. Para além da inovação, que deve fazer parte do planejamento da aula, é essencial promover momentos de interação, integração e multidisciplinaridade que façam com que o aluno participe de maneira democrática. Tais premissas sustentam uma formação cidadã, crítica e reflexiva, por isso o professor deve ter cuidado e comprometimento ao planejar aulas significativas.

Pode ser que as estratégias propostas no plano não surtam o efeito esperado. Quando isso acontece, é essencial que o professor retome seu planejamento, refletindo sobre suas ações, possíveis erros e acertos, de tal forma a reelaborá-lo, inserindo novas atividades, estratégias ou mesmo adequando as já propostas à realidade da sala e ao que se entende que será mais promissor e dinâmico.

Na sequência, apresentamos dois modelos de plano de aula. Não pretendemos que os modelos apresentados sejam seguidos à risca, mas apenas demonstrar como podem ser desenvolvidos os planejamentos, podendo ser adaptados às necessidades docentes. É importante que o professor sempre desenvolva seus planos considerando as normas da instituição em que atua e tenha como princípios as metodologias vigentes, mantendo-se atualizado em relação à sociedade e às tecnologias e elaborando aulas criativas e dinâmicas que primem pela interação e participação do grupo, pois, com trabalhos mais dinâmicos, os resultados costumam ser bastante promissores.

Quadro 6.2 – Modelo de plano de aula

Plano de aula
Tema
Objetivos
Gerais
Específicos
Conteúdo
Metodologia
Avaliação
Referências

Quadro 6.3 – Modelo de plano de aula

ESBOÇO PARA ELABORAÇÃO DO PLANO DE AULA	
Nome da escola:	
Cidade:	
Série/Ano:	Turma:
Professor da turma:	
Estagiário:	
Data:	Duração:
- Disciplina:	
- Conteúdo da disciplina:	
- Objetivo geral da aula:	
- Objetivos específicos:	
- Habilidades e competências que deseja desenvolver no aluno com a aula:	
Desenvolvimento minucioso da aula: 1º passo – 10 minutos 2º passo – 15 minutos 3º passo – 30 minutos	
- Materiais utilizados:	
- Referências:	

6.4
Gestão do tempo

No contexto do planejamento no âmbito escolar, é significativo considerar o tempo como meta e meio de controle das estratégias e das ações elaboradas para a escola como um todo ou para uma turma mais especificamente, atentando-se para os aspectos do planejamento que envolvem sua otimização.

Para Cervi (2013, p. 56), "outra dimensão do planejamento educacional está relacionada à perspectiva temporal. Há todo um ritual e um regime de ciclos que engloba a estipulação de prazos para metas operacionais a controlar. O planejamento delineia o que a escola deve fazer do ponto de vista do futuro". Os objetivos traçados dependem da gestão do tempo para serem alcançados conforme o almejado, visto que no próprio planejamento são estipulados os prazos para a realização de determinadas tarefas, abordagens de conteúdo, entre outros fatores contemplados.

A gestão do tempo é um critério a ser considerado no planejamento do professor pois, caso não faça esse controle, pode correr o risco, por exemplo, de encerrar o bimestre sem ter contemplado todo o conteúdo ou, pior, chegar ao fim do ano e não ter trabalhado todos os conteúdos esperados para aquele calendário de ensino.

Segundo Drucker (2002, p. 91),

> *Pessoas eficazes sabem que o tempo é fator limitante. Os limites para a "realização" de qualquer processo são estabelecidos pelo recurso mais escasso, a que chamamos de tempo. Não se pode alugar, contratar, comprar nem obter mais tempo. A oferta de tempo é totalmente inelástica. Não importa qual seja a demanda, o tempo disponível não aumentará.*

Com efeito, o tempo exerce papel essencial em nossa vida, seja no âmbito pessoal, seja no profissional. O tempo é imprescindível ao processo de ensino e aprendizagem, por isso cabe ao professor orientar-se ao planejar os conteúdos e os períodos de tempo que terá para trabalhá-los com a turma.

Isso significa que o tempo pode ser gerido, mas é um grande desafio, uma vez que que ele não para quando a turma não aprende, por exemplo, daí a importância de se fazer uma estimativa de tempo para cada atividade no plano de aula ou para cada conteúdo no plano de trabalho docente.

A respeito da administração do tempo, Zanini (2010, p. 17) esclarece:

> *A verdade é que "ministrar" o tempo é saber usá-lo para fazer coisas que você considera importantes e prioritárias, administrando e organizando suas atividades diárias de tal maneira que você obtenha tempo para fazer as coisas que realmente gostaria de fazer no campo profissional e pessoal e possivelmente não*

tenha feito porque anda tão ocupado com tarefas urgentes e de rotina (muitas delas não tão urgentes nem tão prioritárias) que não sobra tempo.

A falta de organização e de um planejamento bem elaborado pode prejudicar a gestão do tempo, o que acarreta prejuízos para todos os envolvidos no planejamento elaborado. Para Vasconcellos (2010, p. 118), "a questão do tempo é desafiadora, sobretudo se ensinarmos toda a pressão e cobrança existentes. Todavia, o professor que realmente deseja construir um trabalho alternativo, mais libertador, pode utilizar algumas estratégias de gestão que facilitam o equacionamento dessa questão".

As estratégias a serem utilizadas são diversas e dependem da disponibilidade e criatividade do professor ao fazer uso do tempo que tem, potencializando-o em seu favor. Segundo Drucker (2002, p. 97), "o uso do tempo melhora com a prática. Mas, somente esforços constantes na administração do tempo podem impedir o desperdício dele".

Administrar o tempo, portanto, envolve estratégias como: analisar o que é mais ou menos importante nos afazeres diários, analisar ações desnecessárias e que consomem tempo, não se sobrecarregar, desenvolver mapas mentais, entre várias outras possibilidades. Esses exercícios que fomentam a gestão do tempo são imprescindíveis no âmbito escolar e para os professores, pois podem facilitar o processo de ensino e aprendizagem, dinamizando-o e explorando melhor o tempo disponível.

6.5
Aluno: planejamento e ação

Nesta seção, vamos abordar aspectos que possibilitem viabilizar ações e recursos para o planejamento dos alunos em busca de resultados. Ao organizar suas ações, o professor precisa ter em mente a importância do planejamento e de compartilhá-lo com os alunos, que devem não somente compreendê-lo como também executá-lo.

Depois de planejar sua aula, o professor vai colocá-la em prática, ou seja, vai aplicar as estratégias previamente determinadas. Essa ação deve acompanhar o planejamento, que, caso não esteja viabilizando os resultados esperados, deve ser revisto para se verificar o que pode ser melhorado.

Para Menegolla e Sant'Anna (2014, p. 43), "o primeiro e mais importante objetivo do planejamento das disciplinas, para uma situação de ensino, serve para que os professores e alunos desenvolvam uma ação eficaz de ensino e aprendizagem. Portanto, se o professor planejar o seu ensino é para ele e seus alunos, em primeiro lugar".

Com um planejamento bem estruturado e que envolva os alunos, o professor será capaz de promover um ambiente de aprendizado e troca de saberes, possibilitando que os aprendizes desenvolvam novas habilidades.

Os resultados, assim, tendem a ser sempre mais promissores, pois, ao considerar o aluno sujeito ativo no processo de ensino e aprendizagem e envolvê-lo no planejamento, o professor pode, tomando como base análises cotidianas, adaptá-lo para atender a todas as demandas e dificuldades encontradas pelos alunos, estimulando as potencialidades para que o conhecimento se efetive de maneira crítica e reflexiva em todos os participantes.

Síntese

Neste capítulo, abordamos o planejamento escolar e suas particularidades. Além de destacarmos a importância do planejamento de forma mais geral, enfocamos o planejamento como forma de organização da prática docente e do funcionamento da escola e como forma de pesquisa e aprofundamentos das ações pretendidas. No que se refere às estratégias pedagógicas, observamos que o planejamento em muito contribui para nortear as práticas docentes, sobretudo no que tange ao planejamento estratégico, significativo para o trabalho tanto do professor quanto da instituição escolar na forma do PPP.

Mostramos que não há um modelo de planejamento único e pronto para ser aplicado em todas as situações. É preciso considerar a necessidade de adaptação às realidades vivenciadas tanto pelos docentes como pelas instituições.

Outro aspecto relevante do planejamento é a gestão do tempo, que, quando bem aplicada, pode garantir que as ações planejadas se cumpram com eficácia, sobretudo no que se refere aos prazos. Observar a questão temporal é imprescindível ao bom planejamento. Por fim, destacamos que o aluno, como agente ativo de sua formação, é parte integrante e importante do planejamento.

Atividades de autoavaliação

1) Sobre o planejamento como forma de organização da vida pessoal, das empresas ou das instituições escolares, é importante considerar:
   a. O planejamento caracteriza-se pela tomada de decisões, e sua organização e elaboração são desenvolvidas com vistas a alcançar um objetivo estabelecido.
   b. No planejamento, não é importante determinar estratégias de ação para alcançar o objetivo como forma de organização.
   c. No contexto educacional, o planejamento é uma forma de racionalizar, organizar e coordenar a ação docente sem se articular com a realidade vivida.
   d. Se o planejamento é bem elaborado e organizado, ele promove milagres na educação, independentemente de sua prática.

2) O planejamento é um aliado da educação quando viabiliza que ações estratégicas sejam tomadas de modo a obter melhorias constantes na escola como um todo ou no trabalho docente. Sobre o planejamento como estratégia pedagógica, analise as afirmativas a seguir:
   I. Não há tipos diferentes de planejamento, pois todos visam ao longo prazo.
   II. O planejamento estratégico não é imutável, mas passível de adaptação.
   III. Uma forma de planejamento estratégico no contexto escolar é o projeto político-pedagógico (PPP), que deve ser elaborado com a participação dos membros da escola e da comunidade escolar.
   IV. Vários fatores são considerados na elaboração de um planejamento estratégico, exceto os objetivos.

   Estão corretas apenas as afirmativas:
   a. I e II.
   b. II e IV.
   c. II e III.
   d. I, II e IV.

3) Elaborar um planejamento é, por vezes, algo desafiador na educação, pois envolve a necessidade de se adaptar às nuances atuais e de promover um ensino significativo. Sobre os modelos de planejamento, é correto afirmar:
   a. Os modelos prontos de planejamento devem ser seguidos fielmente, não sendo possível modificá-los.
   b. Ferramentas de planejamento e organização como o PDCA são exclusivas para administradores.
   c. Tanto o planejamento como seus componentes precisam levar à reflexão sobre a situação atual, a situação futura pretendida e o processo avaliativo.
   d. Após a elaboração do planejamento estratégico, não há necessidade de verificar se será de fato possível alcançar os objetivos determinados.

4) Sobre o PPP e o plano de aula, analise as afirmativas a seguir e assinale V para as verdadeiras e F para as falsas:
   ( ) Entre os itens que compõem o PPP, estão o marco referencial, o diagnóstico e a programação.
   ( ) No PPP da escola deve haver uma programação anual, mas não há necessidade de reelaboração, parcial ou total.
   ( ) O plano de aula é caracterizado por ser o documento em que constam as bases legais que regem a instituição.
   ( ) O plano de aula é o detalhamento do plano de ensino, devendo ser cuidadosamente elaborado para nortear a prática docente.

   Agora, marque a opção com a sequência correta:
   a. V, V, F, F.
   b. V, F, V, F.
   c. F, F, F, V.
   d. V, F, F, V.

5) No planejamento, aspectos como o tempo e os alunos precisam ser considerados, pois compreendem parte importante da prática do que foi planejado. Analise as afirmativas a seguir:
   I. O aspecto temporal deve ser levado em consideração no planejamento, pois há prazos e etapas de ensino a serem cumpridos.
   II. Se o foco do planejamento é em ações futuras, o tempo é essencial para determinar os objetivos a serem alcançados.
   III. O professor planeja suas estratégias para que tanto ele quanto os alunos desenvolvam com eficácia as ações do processo de ensino e aprendizagem.
   IV. O aluno está envolvido no planejamento pois é agente de sua formação, mediada pelo professor.

   Estão corretas apenas as afirmativas:
   a. I e II.
   b. I e IV.
   c. III e IV.
   d. I, II, III e IV.

Atividades de aprendizagem

Questões para reflexão

1) É importante que o professor elabore seu planejamento de acordo com o perfil da turma e com estratégias que atraiam os alunos para o contexto da aula? Por quê?

2) Com base na leitura deste capítulo, é possível compreender que há vários modelos e formas de desenvolver um planejamento. Um dos itens analisados foi o planejamento estratégico. Você considera o planejamento estratégico positivo para o trabalho docente? E para a gestão escolar? Quais argumentos o levam a essa conclusão?

Atividade aplicada: prática

1) Com a leitura deste capítulo, você pode refletir sobre a importância do planejamento no contexto escolar e elaborar as próprias conclusões sobre como desenvolvê-lo. Para exercitar a função de planejar, escolha um assunto de seu interesse e elabore um plano de aula.

Obs.: A fim de facilitar a construção desse plano, você pode utilizar um dos modelos disponibilizados no capítulo.

Considerações finais

A sociedade do conhecimento requer a formação de indivíduos que tenham domínio tecnológico, que sejam criativos, inovadores, com habilidades cognitivas como atenção, foco, percepção, memória, raciocínio lógico, resolução de problemas e tomada de decisões. A escola precisa promover o desenvolvimento dessas qualidades, assim como estimular a cidadania e a solidariedade. Dessa forma, os professores precisam superar as práticas pedagógicas reprodutoras que atendiam à sociedade de produção em massa. Essa superação é gradual, passa por reformas das políticas educacionais, vai além da visão classificatória dos resultados das avaliações, das metas de desempenho e dos resultados dos alunos nas avaliações do Sistema de Avaliação da Educação Básica (Saeb). Do mesmo modo, o sentido da democracia deve ir além da gestão democrática na escola, expandindo-se para a prática social dos envolvidos.

Inicialmente, fizemos uma análise histórica acerca dos processos educativos metodológicos vigentes desde o século passado. Ao apresentarmos os paradigmas conservadores, buscamos refletir sobre a educação no século XX e sobre os modelos de escola que marcaram essa fase no Brasil, contemplando a escola tradicional, o movimento da Escola Nova, a escola tecnicista e os principais pensadores desse período.

No que compete aos paradigmas emergentes ou inovadores, o foco central foi analisar as perspectivas educacionais que passaram a vigorar no fim do século XX e início do século XXI. Abordamos o paradigma da complexidade e seus desafios, o ensino com pesquisa como prática metodológica, a transformação social acarretada pela escola progressista e os benefícios do uso das tecnologias na educação.

Outro aspecto importante contemplado neste livro foi o conceito de *sociedade do conhecimento*. Ao examinarmos suas características, refletimos sobre a economia do conhecimento, a cultura do ensino obrigatório, os desafios envolvidos na gestão do conhecimento na educação atual e o fato de as escolas buscarem a mudança constante para atender às demandas sociais de modo a alcançar um ensino inovador, rompendo com a ideia do ensino tradicional.

Para tais discussões, julgamos oportuno refletir sobre a formação do professor, enfocando a prática docente no contexto da sociedade do conhecimento, da mudança e da inovação. Assim, buscamos apresentar uma breve análise histórica e social sobre o papel do docente ao longo dos anos, até chegar à sua função de agente de transformação, para a qual é necessária a formação permanente e continuada.

Na sequência, abordamos o aprender a aprender como elemento necessário nesse processo para professores e alunos, bem como a relação entre os docentes e os estudantes na perspectiva da troca e do compartilhamento de saberes, fruto do ensino democrático e participativo que tem no professor a figura de mediador de saberes. Discutimos também os novos paradigmas da aprendizagem, evidenciando as vantagens do aprender a aprender, da autoaprendizagem, das aprendizagens ativa e colaborativa e das novas possibilidades de avaliação.

Para finalizarmos nossa abordagem, tratamos do planejamento e suas particularidades, analisando-o como meio de organização dos processos educacionais e da prática docente, como estratégia pedagógica que contribui para uma educação que acompanhe a sociedade contemporânea com inovação e interatividade e como forma de aprofundar conhecimentos e tomar decisões. Examinamos também os principais modelos de planejamento, contemplando o projeto político-pedagógico, o regimento escolar e o plano de aula. Ainda sobre á temática do planejamento, destacamos a importância da gestão do tempo e do envolvimento dos alunos nos planejamentos da escola.

Esperamos que você não pare por aqui. A leitura, a pesquisa e a busca constante por inovação são fundamentais para uma prática docente comprometida com a transformação da educação e da sociedade. Continue se aperfeiçoando sempre e tenha sucesso em sua jornada!

Referências

7 TENDÊNCIAS educacionais. 6 mar. 2015. Disponível em: <https://www.goconqr.com/pt-BR/examtime/blog/tendencias-educacionais/>. Acesso em: 16 fev. 2018.

ANDREWS, J.; SCHWEIBENZ, W. The Kress Study Collection Virtual Museum Project, a New Medium for Old Masters. Art Documentation, v. 17, n. 1, p. 19-27, 1998.

ANTUNES, C. Professores e professauros: reflexão sobre aula e práticas pedagógicas diversas. 6. ed. Petrópolis: Vozes, 2012.

ARANHA, M. L. de A. Filosofia da educação. 3. ed. São Paulo: Moderna, 2006a.

_____. História da educação e da pedagogia. 3. ed. São Paulo: Moderna, 2006b.

BAKER, M.; FOOTE, M. O ensino apesar da sociedade do conhecimento I: o fim da inventividade. In: HARGREAVES, A. O ensino na sociedade do conhecimento: educação na era da insegurança. Porto Alegre: Artmed, 2004. p. 103-134.

BARRETO, A. de A. As tecnoutopias do saber: redes interligando o conhecimento. Revista de Ciência da Informação, v. 6, n. 6, dez. 2005. Disponível em: <http://www.brapci.inf.br/_repositorio/2010/08/pdf_d385b570d5_0011599.pdf>. Acesso em: 22 abr. 2018.

BARBOSA; E. F.; MOURA, D. G. Metodologias ativas de aprendizagem na educação profissional e tecnológica. Boletim Técnico do Senac, Rio de Janeiro, v. 39, n. 2, p. 48-67, maio/ago. 2013.

BAUMAN, Z. Modernidade líquida. Rio de Janeiro: Zahar, 2001.

BECKER, F. A origem do conhecimento e a aprendizagem escolar. Porto Alegre: Artmed, 2003.

_____. Educação e construção do conhecimento. Porto Alegre: Artmed, 2001.

BEHRENS, M. A. A prática pedagógica e o desafio do paradigma emergente. Revista Brasileira de Estudos Pedagógicos, Brasília, v. 80, n. 196, p. 383-403, set./dez. 1999.

_____. Formação continuada dos professores e a prática pedagógica. Curitiba. Champagnat, 1996.

_____. O paradigma da complexidade na formação e no desenvolvimento profissional de professores universitários. Educação, Porto Alegre, v. 63, n. 3, ano 30, p. 439-455, set./dez. 2007.

_____. O paradigma emergente e a prática pedagógica. 3. ed. Petrópolis: Vozes, 2009.

_____. Projetos de aprendizagem colaborativa num paradigma emergente. In: MORAN, J. M.; MASETTO, M. T.; BEHRENS, M. A. Novas tecnologias e mediação pedagógica. Campinas: Papirus, 2015. p. 73-140.

BERBEL, N. A. N. As metodologias ativas e a promoção da autonomia de estudantes. SEMINA: CIÊNCIAS SOCIAIS E HUMANAS, Londrina, v. 32, n. 1, p. 25-40, jan./jun. 2011. Disponível em: <http://www.proiac.uff.br/sites/default/files/documentos/berbel_2011.pdf>. Acesso em: 22 abr. 2018.

_____. A problematização e a aprendizagem baseada em problemas: diferentes termos ou diferentes caminhos? INTERFACE – COMUNICAÇÃO, SAÚDE, EDUCAÇÃO, Botucatu, v. 2, n. 2, fev. 1998.

BEZERRA, F. CICLO PDCA: do conceito à aplicação. Disponível em: <http://www.portal-administracao.com/2014/08/ciclo-pdca-conceito-e-aplicacao.html>. Acesso em: 22 abr. 2018.

BITTAR, M.; FERREIRA JÚNIOR, A. Educação e ideologia tecnocrática na ditadura militar. CADERNOS CEDES, Campinas, v. 28, n. 76, p. 333-355, set./dez. 2008.

BRASIL. Lei n. 9.394, de 20 de dezembro de 1996. DIÁRIO OFICIAL DA UNIÃO, Poder Legislativo, Brasília, DF, 23 dez. 1996. Disponível em: <http://www.planalto.gov.br/Ccivil_03/leis/L9394.htm>. Acesso em: 22 abr. 2018.

BRASIL. Ministério da Educação. Conselho Nacional de Educação. Conselho Pleno. Resolução n. 2, de 1.º de julho de 2015. DIÁRIO OFICIAL DA UNIÃO, Brasília, DF, 2 jul. 2015. Disponível em: <http://portal.mec.gov.br/index.php?option=com_docman&view=download&alias=17719-res-cne-cp-002-03072015&category_slug=julho-2015-pdf&Itemid=30192>. Acesso em: 22 abr. 2018.

CALÔBA, G.; KLAES, M. GERENCIAMENTO DE PROJETOS COM PDCA: conceitos e técnicas para planejamento, monitoramento e avaliação do desempenho de projetos e portfólios. Rio de Janeiro: Alta Books, 2016.

CANCIAN, R. CONSERVADORISMO: principais pensadores – combate às ideias iluministas. 3 abr. 2009. Disponível em: <https://educacao.uol.com.br/disciplinas/sociologia/conservadorismo-principais-pensadores-combate-as-ideias-iluministas.htm?cmpid=copiaecola>. Acesso em: 22 abr. 2018.

CERVI, R. de M. PLANEJAMENTO E AVALIAÇÃO EDUCACIONAL. Curitiba: InterSaberes, 2013.

CHIAVENATO, I. ADMINISTRAÇÃO NOS NOVOS TEMPOS: os novos horizontes em administração. 3. ed. Barueri: Manole, 2014.

CHRISTENSEN, C. M.; HORN, M. B.; JOHNSON, C. W. INOVAÇÃO NA SALA DE AULA: como a inovação de ruptura muda a forma de aprender. Porto Alegre: Bookman, 2009.

CORDEIRO, J. DIDÁTICA. São Paulo: Contexto, 2009.

DALE, E. AUDIO-VISUAL METHODS IN TEACHING. New York: The Dryden Press, 1990.

DEMO, P. EDUCAR PELA PESQUISA. 8. ed. Campinas. Autores Associados, 2007.

_____. EDUCAÇÃO E QUALIDADE. 12. ed. Campinas: Papirus, 2012.

_____. METODOLOGIA DA INVESTIGAÇÃO EM EDUCAÇÃO. Curitiba: InterSaberes, 2013.

DRUCKER, P. F. O MELHOR DE PETER DRUCKER: obra completa. São Paulo: Nobel, 2002.

DUARTE, N. Vigotski e o "aprender a aprender": crítica às apropriações neoliberais e pós-modernas da teoria vigotskiana. Campinas: Autores Associados, 2001.

FREIRE, P. Pedagogia da autonomia: saberes necessários à prática educativa. 25. ed. São Paulo: Paz e Terra, 1996.

_____. Pedagogia do oprimido. 17. ed. Rio de Janeiro: Paz e Terra, 1987.

GANDIN, D.; GEMERASCA, M. P. Planejamento participativo na escola: o que é e como se faz. 3. ed. São Paulo: Loyola, 2004.

GARDNER, H. O verdadeiro, o belo e o bom: os princípios básicos para uma nova educação. Rio de Janeiro: Objetiva, 1999.

GASPARIN, J. L. Uma didática para a pedagogia histórico-crítica. 4. ed. rev. e ampl. Campinas: Autores Associados, 2007.

GIMENO SACRISTÁN, J.; PÉREZ GÓMEZ, A. I. Compreender e transformar o ensino. Porto Alegre: Artmed, 2000.

GONÇALVES, M. H. B. Planejamento e avaliação: subsídios para a ação docente. Rio de Janeiro: Senac Nacional, 2003.

HAIDT, R. C. Curso de didática geral. São Paulo: Ática, 1996.

HANCOCK, A. A educação e as novas tecnologias da informação e comunicação. In: DELORS, J. A educação para o século XXI: questões e perspectivas. Porto Alegre: Artmed, 2005. p. 222-238.

HARGREAVES, A. O ensino na sociedade do conhecimento: educação na era da insegurança. Porto Alegre: Artmed, 2005.

HOFFMANN, J. M. L. Avaliação: mito e desafio – uma perspectiva construtivista. 40. ed. atual. Porto Alegre: Mediação, 2009.

IMBERNÓN, F. Formação docente e profissional: formar-se para a mudança e a incerteza. São Paulo: Cortez, 2010.

KUZUYABU, M. Sala de aula sem professor? Revista Educação, Ensino Superior, 15 mar. 2017. Disponível em: <http://www.revistaeducacao.com.br/sala-de-aula-sem-professor/>. Acesso em: 22 abr. 2018.

LARA, C. R. D. de. A atual gestão do conhecimento: a importância de avaliar e identificar o capital intelectual nas organizações. São Paulo: Nobel, 2004.

LEPORACE, C. Relatório do NMC: produção de conteúdo e programação são tendência. Porvir, 3 jan. 2017. Disponível em: <http://porvir.org/relatorio-do-nmc-producao-de-conteudo-e-programacao-sao-tendencia/>. Acesso em: 22 abr. 2018.

LIBÂNEO, J. C. As teorias pedagógicas modernas revisitadas pelo debate contemporâneo na educação. In: LIBÂNEO, J. C.; SANTOS, A. (Org.). Educação na era do conhecimento em rede e transdisciplinaridade. Campinas: Alínea, 2005. p. 19-62.

LIBÂNEO, J. C. Democratização da escola pública: a pedagogia crítico-social dos conteúdos. 21. ed. São Paulo: Loyola, 2006.

_____. Didática. 28. ed. São Paulo: Cortez, 2008.

_____. Didática. São Paulo: Cortez, 1994.

LIBÂNEO, J. C.; OLIVEIRA, J. F.; TOSCHI, M. S. Organização e gestão, objetivos do ensino e trabalho dos professores. In: _____. Educação escolar: políticas, estrutura e organização. São Paulo: Cortez, 2003. p. 291-311.

LUCKESI, C. C. Avaliação da aprendizagem escolar: estudos e proposições. 19. ed. São Paulo: Cortez, 2008.

MASETTO, M. T. Mediação pedagógica e tecnologias de informação e comunicação. In: MORAN, J. M.; MASETTO, M. T.; BEHRENS, M. A. Novas tecnologias e mediação pedagógica. Campinas: Papirus, 2015. p. 141-171.

MENEGOLLA, M.; SANT'ANNA, I. M. Por que planejar? Como planejar? Petrópolis: Vozes, 2014.

MIZUKAMI, M. da G. N. Ensino: as abordagens do processo. 17. ed. São Paulo: EPU, 2009.

_____. Escola e aprendizagem da docência: processos de investigação e formação. São Carlos: Edufscar, 2002.

MIZUKAMI, M. G. N.; REALI, A. M. M. R. (Org.). Formação de professores, práticas pedagógicas e escola. São Carlos: EdUSFSCar, 2002.

MONTEIRO, B. de S. et al. Metodologia de desenvolvimento de objetos de aprendizagem com foco na aprendizagem significativa. In: SIMPÓSIO BRASILEIRO DE INFORMÁTICA NA EDUCAÇÃO, 17., 2006, Brasília. Anais... Porto Alegre: Sociedade Brasileira de Computação, 2006. p. 388-397. Disponível em: <http://www.br-ie.org/pub/index.php/sbie/article/view/499/485>. Acesso em: 22 abr. 2018.

MORAES, M. C. O paradigma educacional emergente. Campinas: Papirus, 2016.

MORAES, R. de A.; SANTOS, G. L. A educação na sociedade tecnológica. In: SANTOS, G. L. (Org.). Tecnologias na educação e formação de professores. Brasília: Plano, 2003. p. 11-30.

MORAN, J. M. A educação que desejamos: novos desafios e como chegar lá. Campinas: Papirus, 2013.

_____. Ensino e aprendizagem inovadores com tecnologias audiovisuais e telemáticas. In: MORAN, J. M.; MASETTO, M. T.; BEHRENS, M. A. Novas tecnologias e mediação pedagógica. Campinas: Papirus, 2015. p. 11-72.

MORAN, J. M.; MASETTO, M. T.; BEHRENS, M. A. Novas tecnologias e mediação pedagógica. Campinas: Papirus, 2015.

MOREIRA, M. A. Teorias de aprendizagem. 2. ed. São Paulo: EPU, 2014.

MORIN, E. Introdução ao pensamento complexo. 3. ed. Porto Alegre: Sulina, 2007.

MORIN, E.; MOIGNE, J. A INTELIGÊNCIA DA COMPLEXIDADE. 3. ed. São Paulo: Peirópolis, 2000.

MUNHOZ, A. S. OBJETOS DE APRENDIZAGEM. Curitiba: InterSaberes, 2013.

NEY, A. POLÍTICA EDUCACIONAL: organização e estrutura da educação brasileira. Rio de Janeiro: Wak, 2008.

NÓVOA, A. (Coord.). OS PROFESSORES E SUA FORMAÇÃO. 2. ed. Lisboa: Dom Quixote: 1995.

NÓVOA, A. Relação escola-sociedade: novas respostas para um velho problema. In: SERBINO, R. V. (Org.). FORMAÇÃO DE PROFESSORES. São Paulo: Unesp, 1998.

OLIVEIRA, D. B. de. CONCEITO DE EDUCAÇÃO. Paracatu: Faculdade do Noroeste de Minas, 2009.

OLIVEIRA, E. G.; VILLARDI, R. TECNOLOGIA NA EDUCAÇÃO: uma perspectiva sociointeracionista. Rio de Janeiro: Dunya, 2005.

PERRENOUD, P. ENSINAR: agir na urgência, decidir na incerteza. 2. ed. Porto Alegre: Artmed, 2001.

PETRAGLIA, I. C. EDGAR MORIN: a educação e a complexidade do ser e do saber. 8. ed. Petrópolis: Vozes, 1995.

RAMOS, F. P. A educação no Brasil na primeira metade do século XX. PARA ENTENDER A HISTÓRIA..., ano 2, 2011. Disponível em: <http://fabiopestanaramos.blogspot.com.br/2011/06/educacao-no-brasil-na-primeira-metade.html>. Acesso em: 22 abr. 2018.

RESENDE, L. M. G. de. Paradigma – relações de poder – projeto político-pedagógico: dimensões indissociáveis do fazer educativo. In: VEIGA, I. P. A. (Org.). PROJETO POLÍTICO-PEDAGÓGICO DA ESCOLA: uma construção possível. 24. ed. Campinas: Papirus, 2008. p. 53-94.

ROCHA, H. M.; LEMOS, W. de M. Metodologias ativas: do que estamos falando? Base conceitual e relato de pesquisa em andamento. In: SIMPÓSIO PEDAGÓGICO E PESQUISAS EM COMUNICAÇÃO, 9., 2014. ANAIS... Resende: AEDB, 2014. Disponível em: <http://www.aedb.br/wp-content/uploads/2015/05/41321569.pdf>. Acesso em: 22 abr. 2018.

ROMANOWSKI, J. P. FORMAÇÃO E PROFISSIONALIZAÇÃO DOCENTE. Curitiba: InterSaberes, 2012.

SACCOL, A.; SCHLEMMER, E.; BARBOSA, J. M-LEARNING E U-LEARNING: novas perspectivas das aprendizagens móvel e ubíqua. São Paulo: Pearson Prentice Hall, 2011.

SANCHO, J. M.; HERNÁNDEZ, F. (Org.). TECNOLOGIAS PARA TRANSFORMAR A EDUCAÇÃO. Porto Alegre: Artmed, 2006.

SANTOS, A. R. dos. et al. Gestão do conhecimento como modelo empresarial. In: SANTOS, A. R. dos. et al. (Org.). GESTÃO DO CONHECIMENTO: uma experiência para o sucesso empresarial. Curitiba: Champagnat, 2001. Disponível em: <http://www1.serpro.gov.br/publicacoes/gco_site/m_capitulo01.htm>. Acesso em: 22 abr. 2018.

SAVIANI, D. Escola e democracia. 3. ed. São Paulo: Cortez, 1984.

_____. Escola e democracia. 41. ed. rev. Campinas: Autores Associados, 2009.

_____. História da formação docente no Brasil: três momentos decisivos. Educação, Santa Maria, v. 30, n. 2, p. 11-26, 2005. Disponível em: <https://periodicos.ufsm.br/reveducacao/article/view/3735/2139>. Acesso em: 22 abr. 2018.

_____. Histórias das ideias pedagógicas no Brasil. 3. ed. Campinas: Autores Associados, 2011.

SCHÖN, D. A. La formación de profesionales reflexivos: hacia un nuevo diseño de la enseñanza y el aprendizaje en las profesiones. Barcelona, Paidós: 1992. p. 9-32.

SCHULTZ, T. W. O capital humano: investimentos em educação e pesquisa. Rio de Janeiro: Zahar, 1973.

SCHWEIBENZ, W. O desenvolvimento dos museus virtuais. Icom News (Newsletter of the International Council of Museums) dedicated to Virtual Museums, v. 57, n. 3, p. 3, 2004.

SEBARROJA, J. C. et al. (Org.). Pedagogias do século XX. Porto Alegre: Artmed, 2003.

SHIROMA, E. O.; MORAES, M. C. M. de; EVANGELISTA, O. Política educacional. Rio de Janeiro: DP&A, 2011.

SILVA, M. A. da. Intervenção e consentimento: a política educacional do Banco Mundial. Campinas: Autores Associados; São Paulo: Fapesp, 2002.

SIMIÃO, L. F.; REALI, A. M. M. R. O uso do computador, conhecimento para o ensino e aprendizagem profissional da docência. In: MIZUKAMI, M. G. N.; REALI, A. M. M. R. (Org.). Formação de professores, práticas pedagógicas e escola. São Carlos: EdUSFSCar, 2002. p. 127-149.

SUHR, I. R. F. Processo avaliativo no ensino superior. Curitiba: InterSaberes, 2012.

TAKEUCHI, H.; NONAKA, I. Gestão do conhecimento. Porto Alegre: Artmed, 2004.

TEORIA sociointeracionista de Vygotsky. Concepções escola, ensino e aprendizagem, 10 maio 2012. Disponível em: <http://letrasppp320121.blogspot.com.br/2012/05/teoria-socio-interacionista-de-vygotsky.html>. Acesso em: 22 abr. 2018.

THURLER, M. G. O desenvolvimento profissional dos professores: novos paradigmas, novas práticas. In: PERRENOUD, P. As competências para ensinar no século XXI: a informação dos professores e o desafio da avaliação. Porto Alegre: Artmed, 2002. p. 89-111.

TOFFLER, A. A terceira onda. Rio de Janeiro: Record, 1980.

TORI, R. Cursos híbridos ou Blended Learning. In: LITTO, F. M.; FORMIGA, M. M. M. Educação a distância: o estado da arte. São Paulo: Pearson, 2009. p. 121-128.

TORRES, P. L.; IRALA, E. A. F. Aprendizagem colaborativa: teoria e prática. In: TORRES, P. L. (Org.). METODOLOGIAS PARA A PRODUÇÃO DO CONHECIMENTO: da concepção à prática. Curitiba: Senar, 2015. p. 64-96. (Coleção Agrinho). Disponível em: <http://www.agrinho.com.br/ebook/senar/livro1/files/MetodologiaProducaoConhecimento.pdf>. Acesso em: 22 abr. 2018.

TORRES, R. M. QUE (E COMO) É NECESSÁRIO APRENDER? Necessidades básicas de aprendizagem e conteúdos curriculares. Campinas: Papirus, 1994.

URBANETZ, S. T.; MELO, A. de. FUNDAMENTOS DA DIDÁTICA. Curitiba: Ibpex, 2008.

VASCONCELLOS, C. dos S. AVALIAÇÃO: concepção dialética-libertadora do processo de avaliação escolar. São Paulo: Libertad, 1995.

_____. PLANEJAMENTO: projeto de ensino-aprendizagem e projeto político-pedagógico – elementos metodológicos para elaboração e realização. 20. ed. São Paulo: Libertad, 2010.

_____. PLANEJAMENTO: projeto de ensino-aprendizagem e projeto político-pedagógico.14. ed. São Paulo: Libertad, 2005.

VEIGA, I. P. (Org.). PROJETO POLÍTICO-PEDAGÓGICO DA ESCOLA: uma construção possível. Campinas: Papirus, 2004.

VEIGA, I. P. A. Projeto político-pedagógico da escola: uma construção coletiva. In: VEIGA, I. P. A. (Org.). PROJETO POLÍTICO-PEDAGÓGICO DA ESCOLA: uma construção possível. 24. ed. Campinas: Papirus, 2008. p. 11-36.

VYGOTSKY, L. S. A FORMAÇÃO SOCIAL DA MENTE. São Paulo: M. Fontes, 1984.

_____. Aprendizagem e desenvolvimento intelectual na idade escolar. In: LEONTIEV, A. et al. PSICOLOGIA E PEDAGOGIA: bases psicológicas da aprendizagem e desenvolvimento. São Paulo: Centauro, 2005. p. 25-42.

ZANINI, E. COMO ADMINISTRAR MELHOR SEU TEMPO. São Paulo: Biblioteca24horas, 2010.

Bibliografia comentada

ANDRÉ, M. (Org.). O PAPEL DA PESQUISA NA FORMAÇÃO E NA PRÁTICA DOS PROFESSORES. São Paulo: Papirus, 2001.

> Quando se defende a importância da pesquisa para a docência, surgem inúmeros questionamentos relacionados à inserção desse elemento na formação teórica e prática dos professores. Esse livro aborda essa temática em seus diferentes aspectos.

DEMO, P. METODOLOGIA PARA QUEM QUER APRENDER. São Paulo: Atlas, 2008.

> O livro contempla uma introdução à forma ou à arte de estudar, pesquisar e aprender em conformidade com a perspectiva de quem quer se tornar autor. A autonomia e o saber pensar são considerados como meios de modificar e direcionar ações a objetivos que se pretende alcançar na vida.

MORAN, J. M. A EDUCAÇÃO QUE DESEJAMOS: novos desafios e como chegar lá. 5. ed. Campinas: Papirus, 2012.

> O livro trata da educação que temos e da educação que desejamos ter. O autor apresenta tendências voltadas a um novo modelo de ensino, articulando as tecnologias e seu reflexo na educação nas modalidades presencial e a distância, nos vários níveis de ensino, sem se esquecer de contemplar o papel dos professores e dos gestores diante dessa revolução.
>
> Essa é uma ótima opção de leitura para o profissional da educação que deseja desenvolver as competências necessárias para atuar na sociedade do conhecimento.

Respostas

Capítulo 1

ATIVIDADES DE AUTOAVALIAÇÃO

1) b

2) c

3) d

4) a

5) b

ATIVIDADES DE APRENDIZAGEM

1) Orientação de resposta: Conforme a autora, é preciso preparar os jovens para o desfrute do lazer criativo.

2) É comum ver nas escolas professores reproduzindo conhecimento com a ajuda de recursos informatizados sem utilizar essas ferramentas para proporcionar aulas significativas aos alunos; trata-se de apresentar o mesmo conteúdo dos livros por meios diferentes.

Capítulo 2

ATIVIDADES DE AUTOAVALIAÇÃO

1) c
2) b
3) b
4) b
5) b

Capítulo 3

ATIVIDADES DE AUTOAVALIAÇÃO

1) c
2) c
3) c
4) b
5) d

Capítulo 4

ATIVIDADES DE AUTOAVALIAÇÃO

1) d
2) d
3) c
4) b
5) a

Capítulo 5

ATIVIDADES DE AUTOAVALIAÇÃO

1) a

2) d

3) b

4) a

5) c

Capítulo 6

ATIVIDADES DE AUTOAVALIAÇÃO

1) a

2) c

3) c

4) d

5) d

Sobre a autora

MARIA DO CARMO TELES FERREIRA STRINGHETTA é mestre em Gestão do Conhecimento nas Organizações e especialista em Educação a Distância (EaD) e as Novas Tecnologias; Psicopedagogia Clínica e Institucional; e Inspeção, Administração, Supervisão, Orientação e Planejamento na Educação Básica. É graduada em Pedagogia e trabalha com educação a distância há nove anos; já atuou na tutoria presencial e *on-line* e como professora formadora e conteudista. Também tem experiência em gestão, planejamento e operações pedagógicas do ensino a distância e em docência no ensino superior presencial e na educação básica.

Os papéis utilizados neste livro, certificados por instituições ambientais competentes, são recicláveis, provenientes de fontes renováveis e, portanto, um meio responsável e natural de informação e conhecimento.

FSC
www.fsc.org
MISTO
Papel produzido
a partir de
fontes responsáveis
FSC® C103535

Impressão: Reproset
Fevereiro/2023